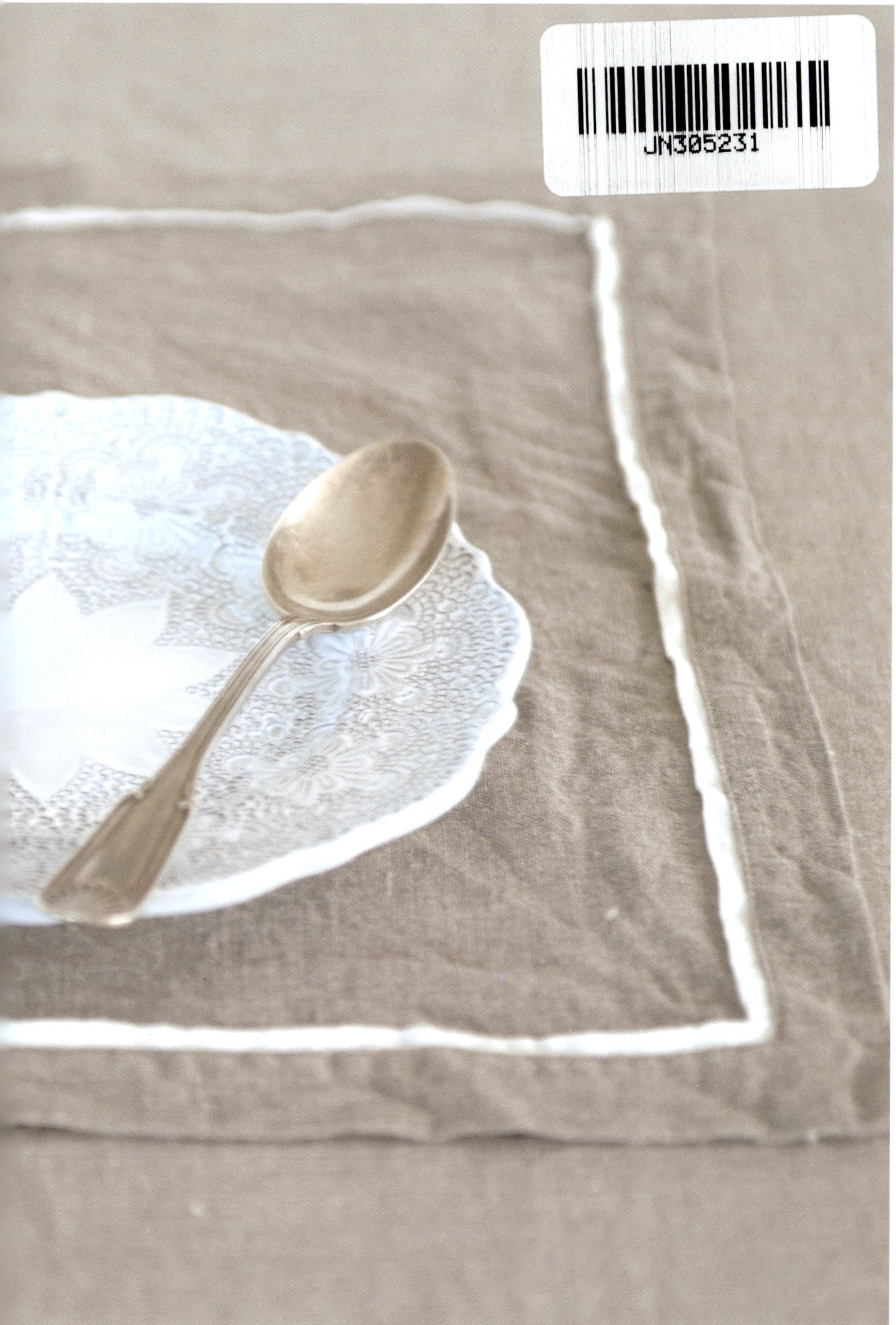

contents

2　はじめに

1　季節の野菜でつくるスープ

printemps・春
9　グリーンアスパラガスとパスタのガーリックスープ
11　たけのこと玉ねぎのスープミソ
13　新緑のベジポタージュ
15　うどと三つ葉のスープ

été・夏
17　ズッキーニとバジルのポタージュ
19　焼きパプリカのポタージュ
21　きゅうりとアボカドのヨーグルトスープ
23　サルモレホ

automne・秋
25　じゃがいもとローズマリーのサワークリームスープ
27　里芋とルッコラのジンジャー白みそスープ
29　にんじんとかぼちゃのポタージュ
31　おいもとキノコのポタージュ

hiver・冬
33　根菜の赤ワインスープ
35　冬野菜のポタージュブラン
37　れんこんとエリンギのレモンパセリスープ
39　春菊とかぶのポタージュ

40　Column　季節がめぐってくるからおいしい

2 いつでも野菜のスープを

petit-déjeuner・朝ごはん
- 45 スープメランジェ
- 47 焼きプチトマトのスープ
- 49 ほうれんそうと金時豆のスープ
- 51 レタスとおもちの豆乳スープ

relax・リラックス
- 53 ハーブ白玉のスープ
- 55 セロリと青りんごのハーブポタージュ
- 57 なすとトマトのバジルスープ
- 59 白花豆と落花生のハーブスープ
- 61 キャベツとレモングラスのスープ

dessert・デザート
- 63 トマトとベリーの
  スパークリングスープ
- 65 かぼちゃとマンゴーの
  ココナッツミルクスープ
- 67 黄パプリカと黄プチトマトと
  キウイのスープ
- 69 さつまいもと大納言の
  黒みつシナモンスープ
- 71 にんじんとアプリコットのポタージュ

72 Column スープの記憶

3 野菜とハーブ&スパイスのプチパン

petit pain・プチパン
- 77 ねぎとくるみとディルのプチバゲット
- 79 米粉とバジルのキャレ
- 81 プルーンとラヴェンダーのフロマージュ
- 83 ブロッコリーとアニスのプチパン
- 85 実りのブラウンバゲット
- 87 きな粉と枝豆のシナモンマフィン
- 89 ピスタチオとエルブ・ド・プロヴァンスのキャレ
- 91 ひよこ豆とココアのプチパン
- 93 そば粉とトマトのブルターニュ風プチパン
- 95 しいたけとドライトマトのプチパン

96 Column かくし味

98 おわりに

つくる前に
- 小さじは5ml、大さじは15ml、1カップは200mlです。
- こしょうは、白こしょうをそのつど挽いて使用しています。
- オリーブオイルは、エクストラヴァージンオリーブオイルを使用しています。
- バターは、有塩バターを使用しています。
- つくり方に記載がない火加減は、スープを煮る場合、煮立つまでは強火から中火、煮立ったらコトコトするぐらいの弱火に。炒める場合、はじめは中火、オイルが全体にまわったら弱火に調節してください。
- スープを煮る際に加える水の分量は、そのときどきの野菜の大きさや水分にあわせて、お好みの濃度に、また食べたいボリュームにあわせて変えてみてください。
- プチパンをつくる際、生地が扱いにくい場合は、粉と水分の量を加減してください。焼き具合は、ご使用のオーブンの特徴にあわせて温度と時間を調節しましょう。
- レシピの分量は目安です。季節やそのときどきの自分が食べたい味にあわせて、味を確認しながらつくってください。
- フードプロセッサーやミキサーを使用しない場合は、具材を細かく刻んだり、マッシャーでつぶしてすり鉢するなどで代用することが可能です。

1 季節の野菜でつくるスープ

春夏秋冬、それぞれの季節にとれる野菜をつかったスープ。
元気な野菜があれば、それがだしになります。
材料とプロセスはシンプルなのに、
同じ時季の野菜は味も仲よし。
ハーブ＆スパイスをプラスすれば、
いつもの野菜が別の顔も見せてくれます。
四季をとおして野菜のスープを。

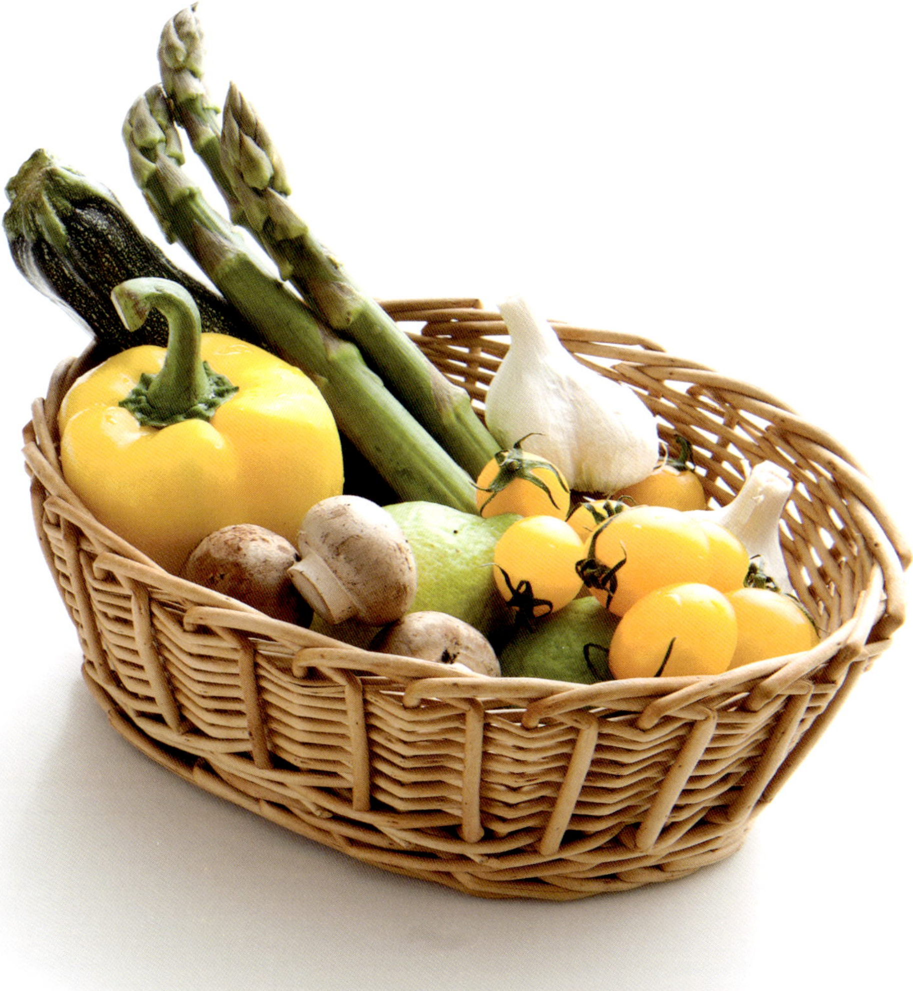

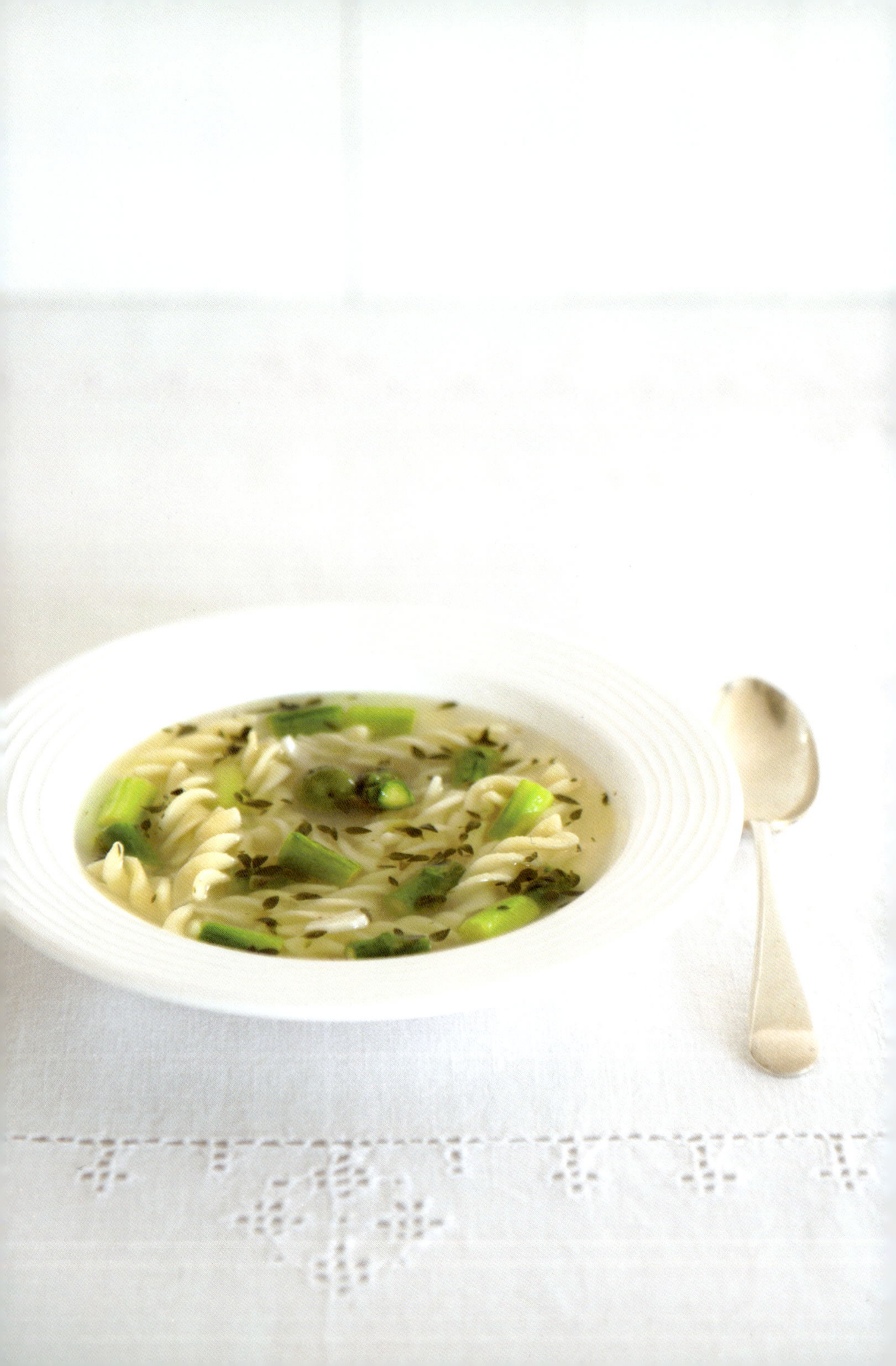

グリーンアスパラガスとパスタのガーリックスープ

[4人分]
グリーンアスパラガス…………1束（8〜10本）
にんにく…………1片
ローリエ…………1枚
タイム（フレッシュ）…………3〜5枝
グリーンオリーブ（塩漬け）…………4個
ショートパスタ…………1カップ
オリーブオイル…………少々
塩、こしょう…………各少々

1. グリーンアスパラガスは根元のかたい部分の皮をむき、食べやすい長さに切る。にんにくは薄切りにする。
2. 鍋にオリーブオイルとにんにくを入れて弱火で熱し、じっくりと香りを出す。
3. にんにくが少し色づいたところで、ローリエ、タイム、グリーンオリーブ、5カップの水を入れ、沸騰したらパスタを加えて火をとおす。
4. パスタがゆで上がったら、グリーンアスパラガスを加えてさっと火をとおし、塩、こしょうで味をととのえる。

note
- ショートパスタはお好みのものを。ゆでている間に水分が減りすぎた場合は、水を適量加えましょう。
- タイムはフレッシュのものが手に入らない場合は、ドライのものを使ってもいいです。フランスのプロヴァンス地方では、春のやわらかいうちに摘みとり、乾燥させていました。

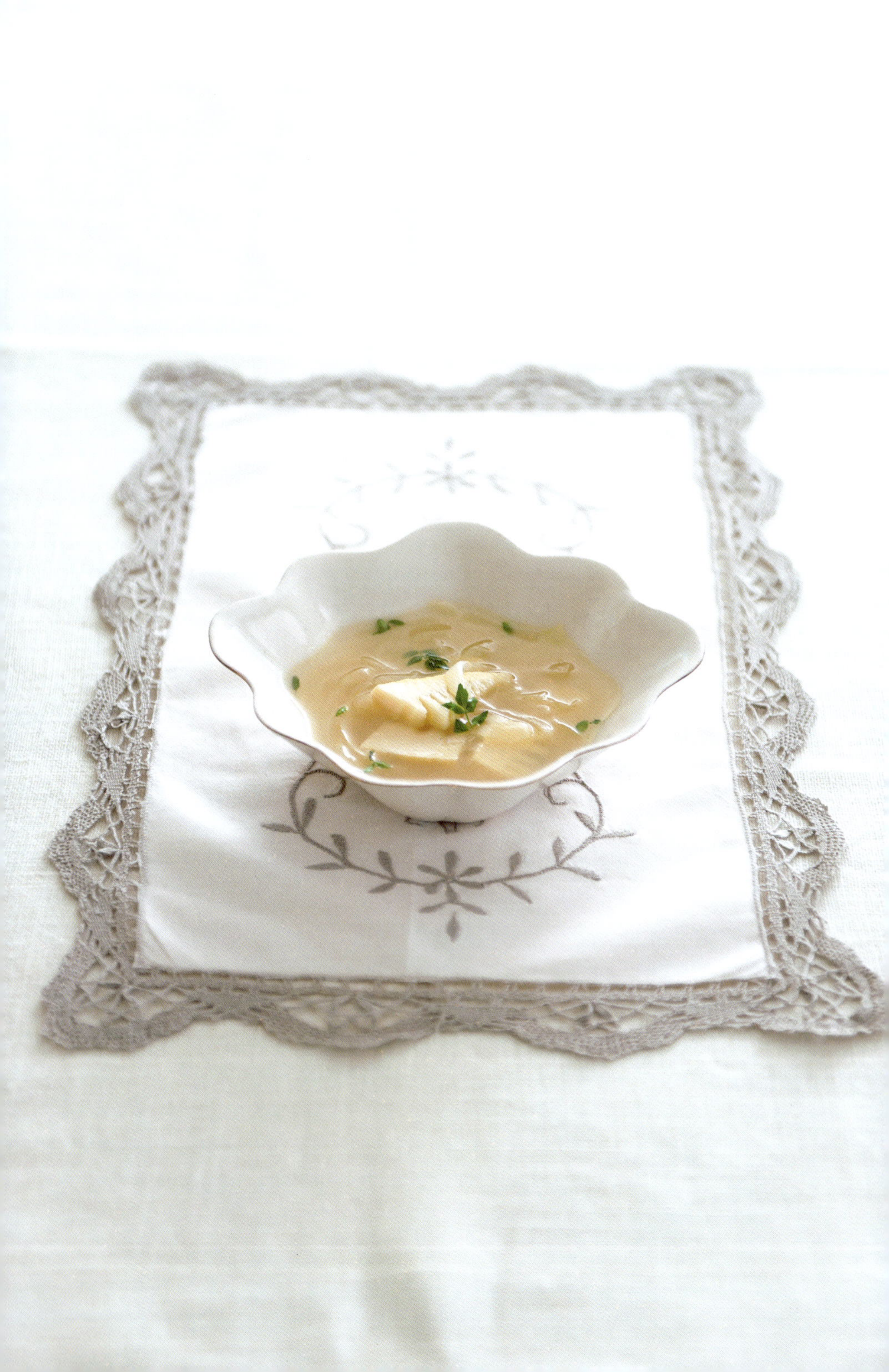

たけのこと玉ねぎのスープミソ

[4人分]
たけのこ(ゆでたもの)…………150g
玉ねぎ…………1/2個
木の芽…………適量
オリーブオイル…………少々
みそ…………大さじ2
塩…………少々

---

1. たけのこは食べやすい大きさに切る。玉ねぎは薄切りにする。
2. 鍋にオリーブオイルを入れて熱し、玉ねぎをよく炒める。
3. 玉ねぎがしんなりとしたら、たけのこを加えて炒めあわせ、4〜5カップの水を加えて、やわらかくなるまで煮る。
4. みそと塩を加えて味をととのえる。
5. 木の芽を刻み、仕上げにスープに加える。

note
- 木の芽は山椒の若芽のこと。みそとよくあいます。木の芽が手に入らない場合は、粉山椒をふりかけてもおいしくいただけます。
- たけのこは皮のまま、米のとぎ汁(または糠を加えた水)で赤唐辛子と一緒にゆでたものを。春を代表する食材ですから、ぜひ春につくってみてください。

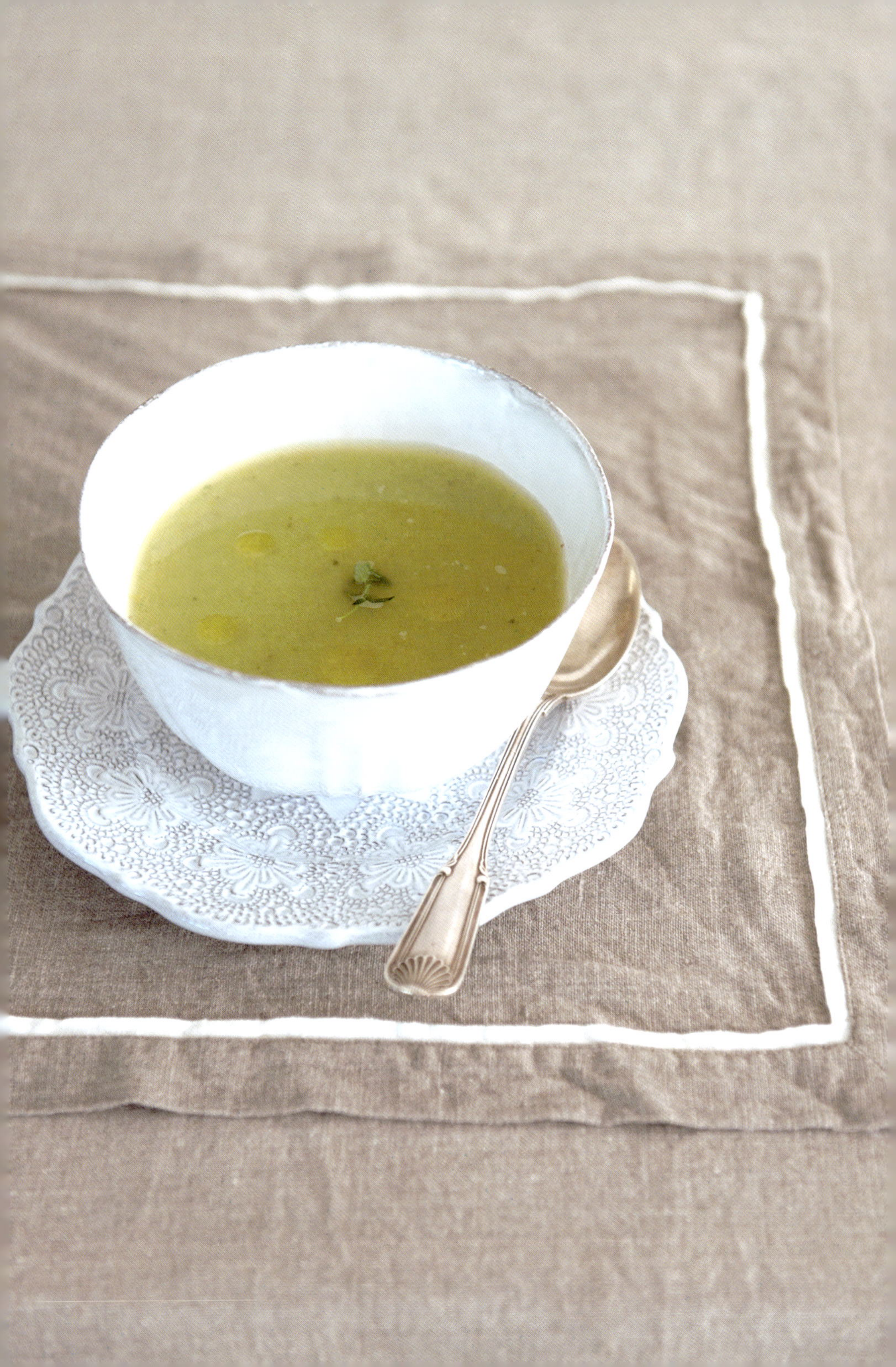

新緑のベジポタージュ

[4人分]
そら豆（ゆでて皮をむいたもの）……….1カップ
グリンピース（ゆでたもの）………..1/2カップ
玉ねぎ………..1/2個
キャベツ………..2〜3枚
タイム（フレッシュ）………..3〜5枝
塩、こしょう………..各少々
オリーブオイル………..少々

---

1. 玉ねぎは薄切りにし、キャベツはざく切りにする。
2. 鍋に1、そら豆、グリンピース、タイムを入れて、充分にかぶるくらいの水を加えて熱し、やわらかくなるまで煮る。
3. 鍋を一度火からおろし、粗熱がとれたらタイムを取りのぞき、フードプロセッサーなどにかけてなめらかにする。
4. 鍋に3を戻してあたため、塩、こしょうを加えて味をととのえる。
5. 器に盛りつけ、オリーブオイルをたらす。

note
- グリンピースとそら豆は、さやつきのものが手に入ると、より旬を感じられます。さやから取り出し、ゆでてからスープに使ってください。
- スープには豆乳をまわしかけて食べてもおいしい。

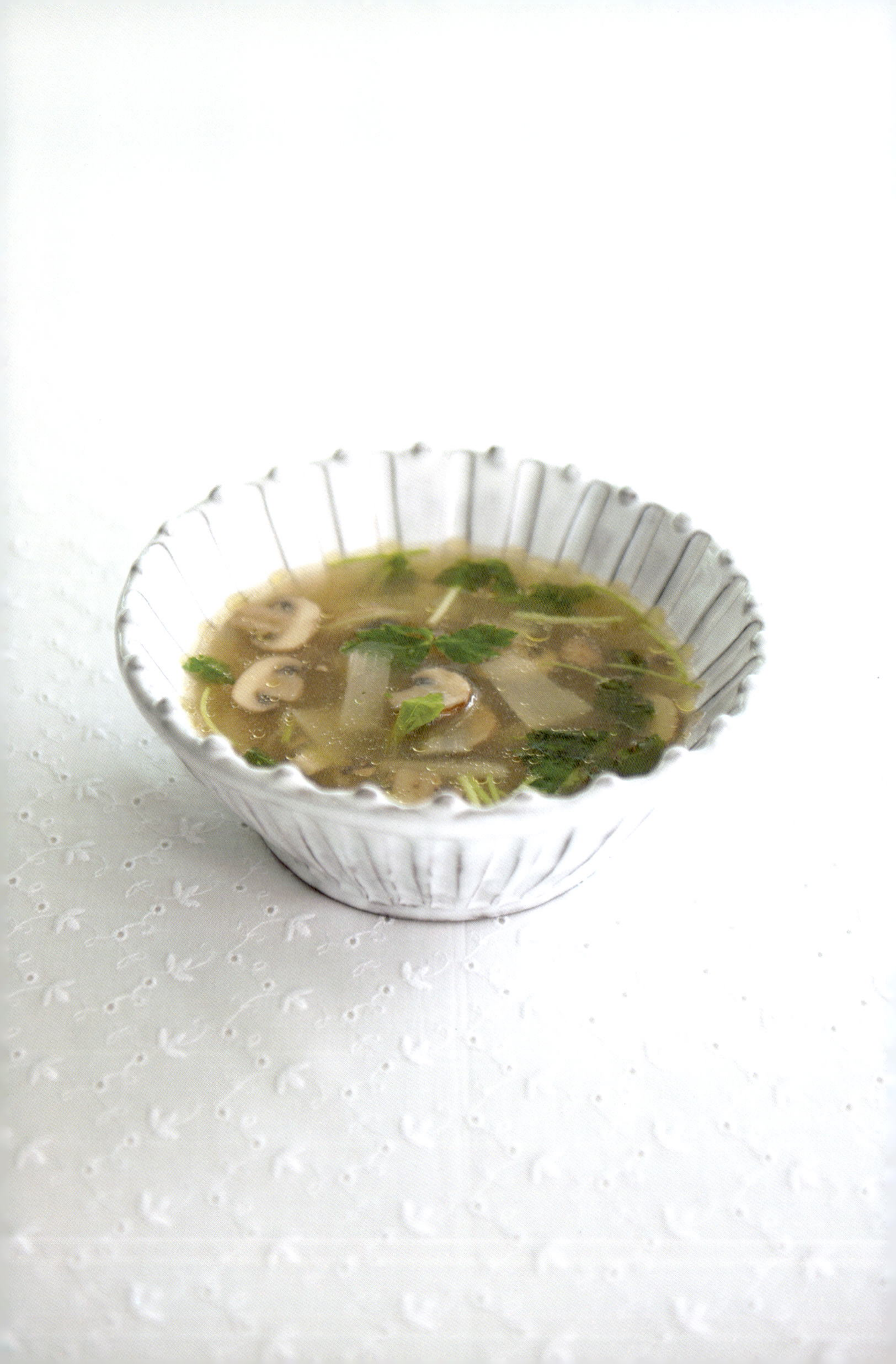

うどと三つ葉のスープ

[4人分]
うど‥‥‥‥150g
ブラウンマッシュルーム‥‥‥‥4個
玉ねぎ‥‥‥‥1/4個
三つ葉‥‥‥‥10g
オリーブオイル‥‥‥‥少々
しょうゆ‥‥‥‥小さじ1/4
塩‥‥‥‥少々
一味唐辛子‥‥‥‥適量

1. うどは3〜4㎝長さに切り、皮をむいて縦に薄く切る。ブラウンマッシュルームと玉ねぎは薄切りにする。三つ葉は3㎝長さに切る。
2. 鍋にオリーブオイルを入れて熱し、玉ねぎを炒める。しんなりとしたら、うどとブラウンマッシュルームを加えて炒めあわせる。
3. 充分にかぶるくらいの水を加え、やわらかくなるまで煮る。
4. しょうゆ、塩、一味唐辛子を加えて味をととのえ、三つ葉を加えてさっと火をとおす。

note
- 春が旬の野菜をあわせたスープです。新玉ねぎを用いると、より一層、季節感が増します。
- うどは、皮をむいて切ってから、しばらく酢水につけて、あく抜きをしておくとよいでしょう。
- 三つ葉は日本原産のハーブ。春に出まわる根三つ葉は、食感がしっかりしていて香りも強い。

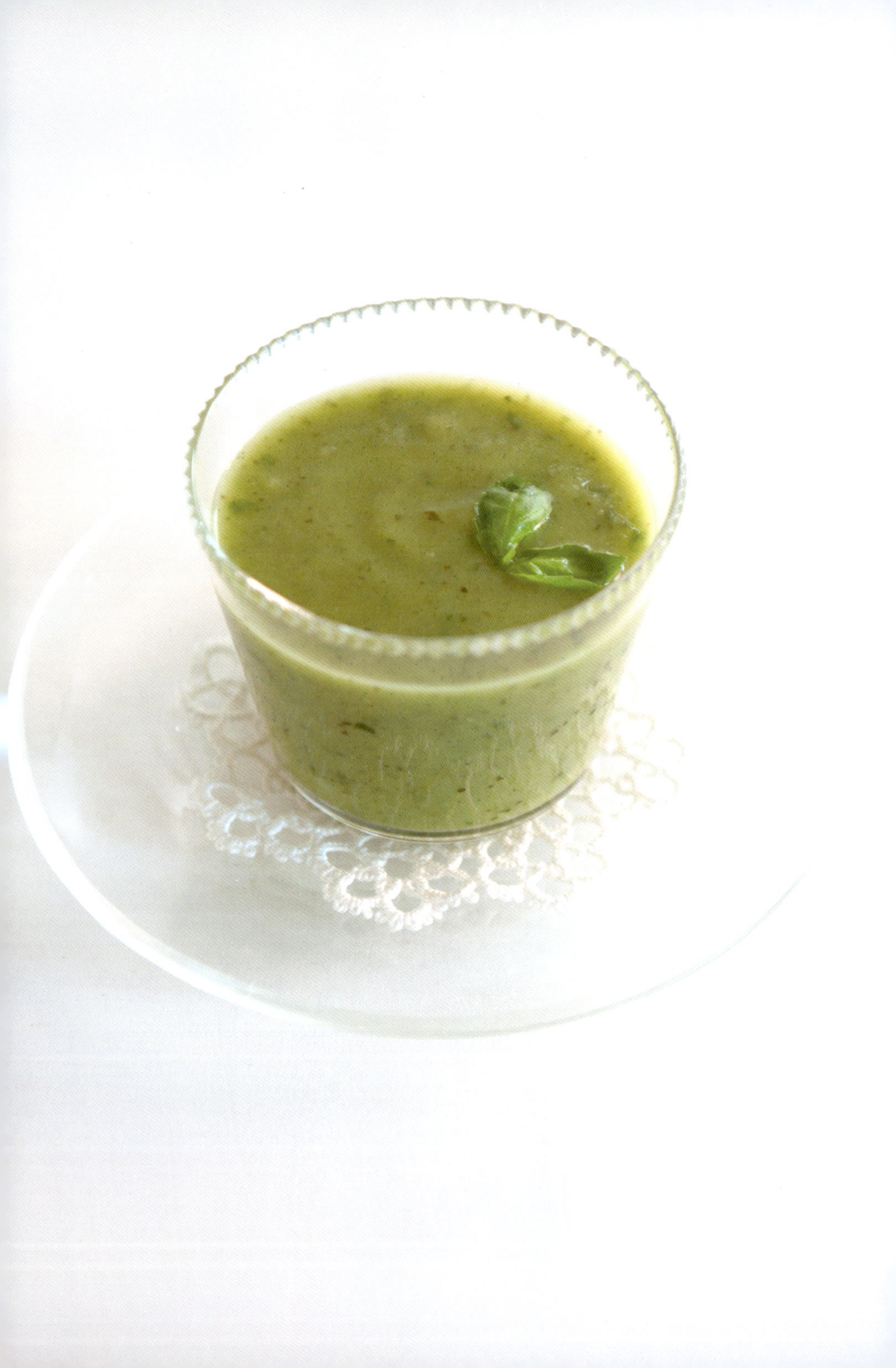

ズッキーニとバジルのポタージュ

[4人分]
ズッキーニ…………2本
玉ねぎ…………1/2個
バジル(フレッシュ)…………20枚
ローリエ…………1枚
オリーブオイル…………少々
塩…………少々

---

1. 玉ねぎは薄切りにし、ズッキーニは1cm厚さのいちょう切りにする。
2. 鍋にオリーブオイルを入れて熱し、1とローリエを炒める。
3. 玉ねぎとズッキーニがしんなりとしたら、充分にかぶるくらいの水を加え、やわらかくなるまで煮る。
4. 鍋を一度火からおろし、粗熱がとれたらローリエを取りのぞき、バジルとともにフードプロセッサーなどにかけてなめらかにする。
5. 鍋に4を戻してあたため、塩を加えて味をととのえる。

note
- お好みで生クリームを少し加えるとコクが出ます。あたたかくしても、冷たくしてもおいしい。
- バジルは夏の野菜によくあうハーブで、シソ科に属します。西洋のシソといった感覚。

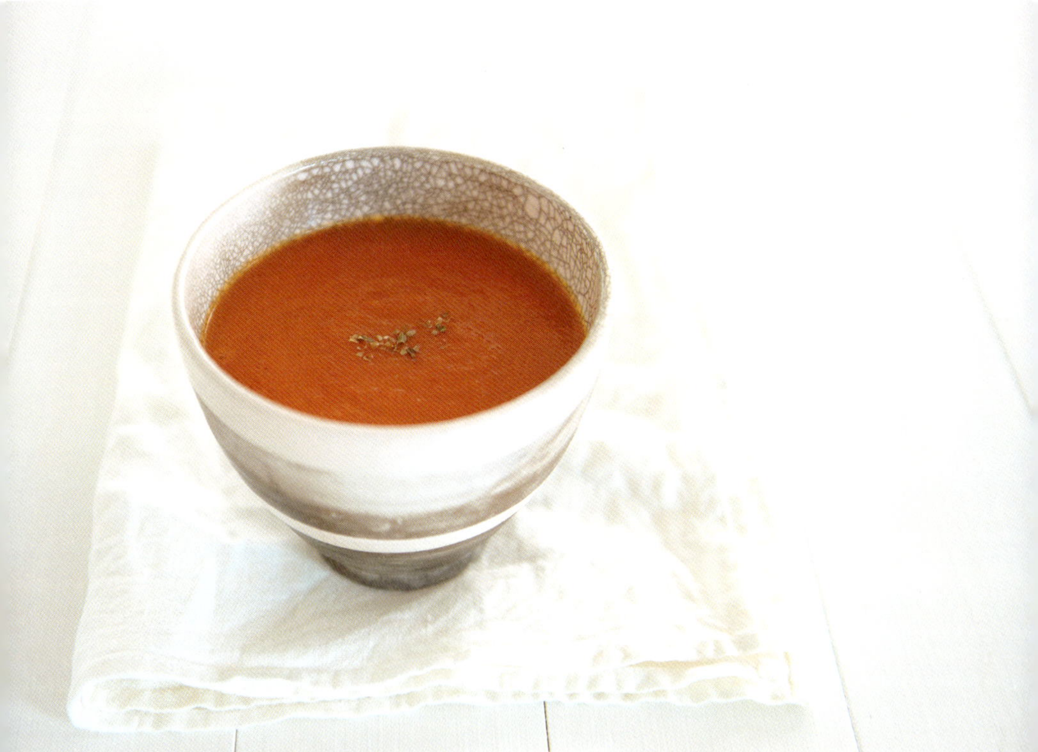

焼きパプリカのポタージュ

[4人分]
パプリカ(赤)…………3個
玉ねぎ…………1個
オリーブオイル…………少々
オレガノ(ドライ)…………少々
塩、こしょう…………少々
赤唐辛子粉…………少々

1. パプリカは220℃に熱したオーブンで25分ほど焼き、粗熱がとれたら、ヘタと皮、種を取りのぞく。玉ねぎは薄切りにする。
2. 鍋にオリーブオイルを入れて熱し、玉ねぎをよく炒める。さらにパプリカを加えて炒めあわせ、充分にかぶるくらいの水を加え、やわらかくなるまで煮る。
3. 鍋を一度火からおろし、粗熱がとれたらフードプロセッサーなどにかけてなめらかにする。
4. 鍋に3を戻してあたため、塩、こしょう、赤唐辛子粉を加えて味をととのえる。
5. 器に盛りつけ、オレガノをふりかける。

note
- 1でパプリカを焼いている間、焼け具合をみながら適宜向きをかえると、まんべんなく焼け、あとで皮をむきやすいです。
- あたたかくしても冷たくしてもおいしい。
- オレガノは地中海地方が原産といわれるハーブ。もともと山や牧草地に自生していたということが想像できるような、少しワイルドな草の香りがします。スープにふりかけたり、ソースや煮込む料理に。トマトを使った料理とも相性がいいです。

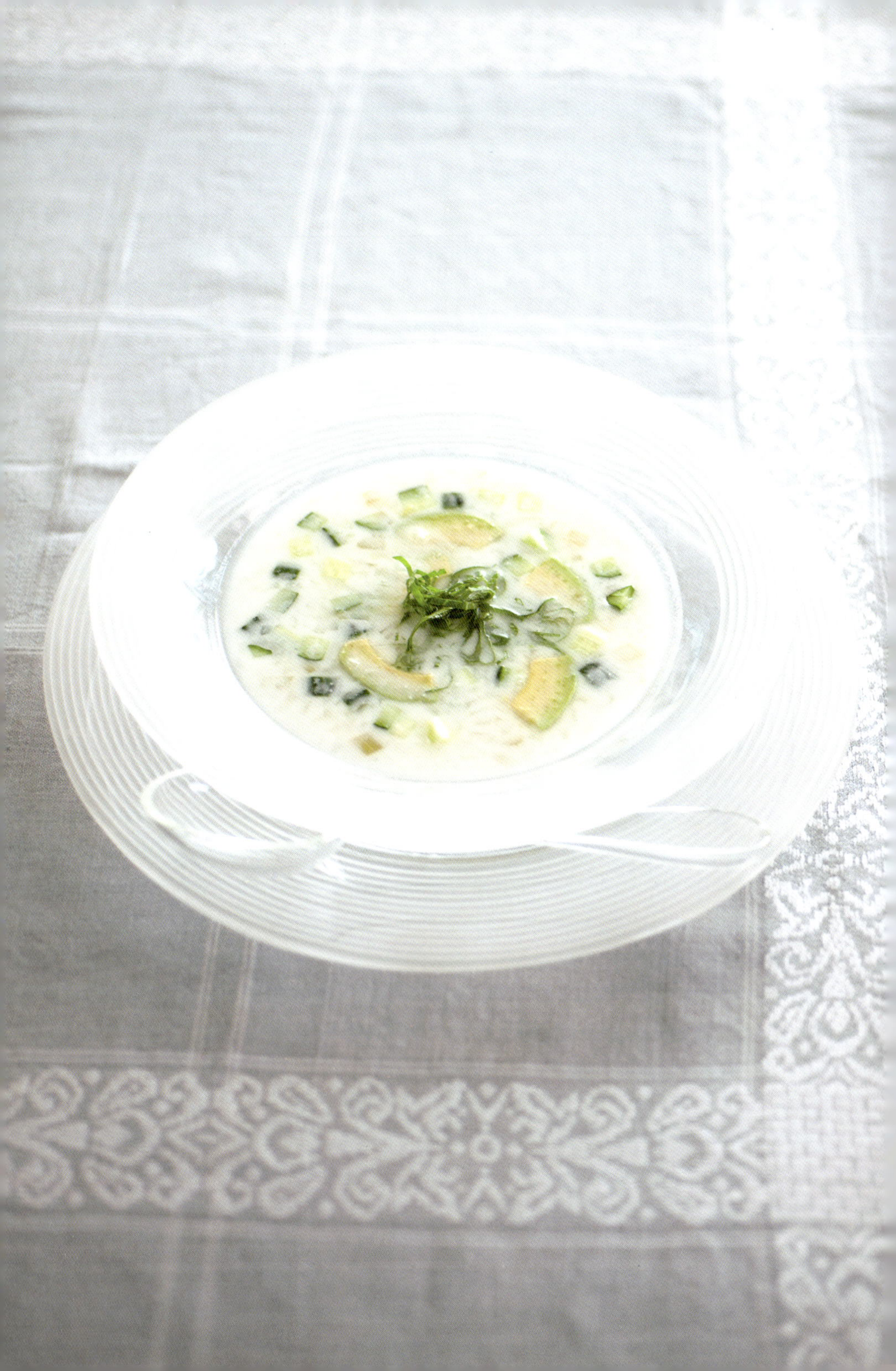

きゅうりとアボカドの
ヨーグルトスープ

[4人分]
玉ねぎ…………1/4個
セロリ（茎）…………15cm
きゅうり…………1本
アボカド…………1個
青ジソ…………4枚
レモン汁…………1/2個分
ヨーグルト…………1カップ
塩、こしょう…………各少々

----

1. 玉ねぎとセロリは粗いみじん切りにする。きゅうりは1cm角に切る。アボカドは皮と種を取りのぞき、食べやすい大きさに切って、レモン汁をふりかける。青ジソは千切りにする。
2. 鍋に玉ねぎ、セロリ、4カップの水を入れて熱し、やわらかくなるまで煮る。
3. 粗熱がとれたら塩、こしょう、ヨーグルトを加えて味をととのえ、冷蔵庫で冷やす。
4. きゅうりとアボカドを加えて器に盛りつけ、青ジソを添える。

note
- **3**でヨーグルトを加える際は、あらかじめ少量のスープで溶いてから加えると、混ざりやすい。
- 青ジソは日本に古くからある香味野菜。さっぱりとしていて、食欲が増進します。つくづく夏にぴったりのハーブだと感じます。

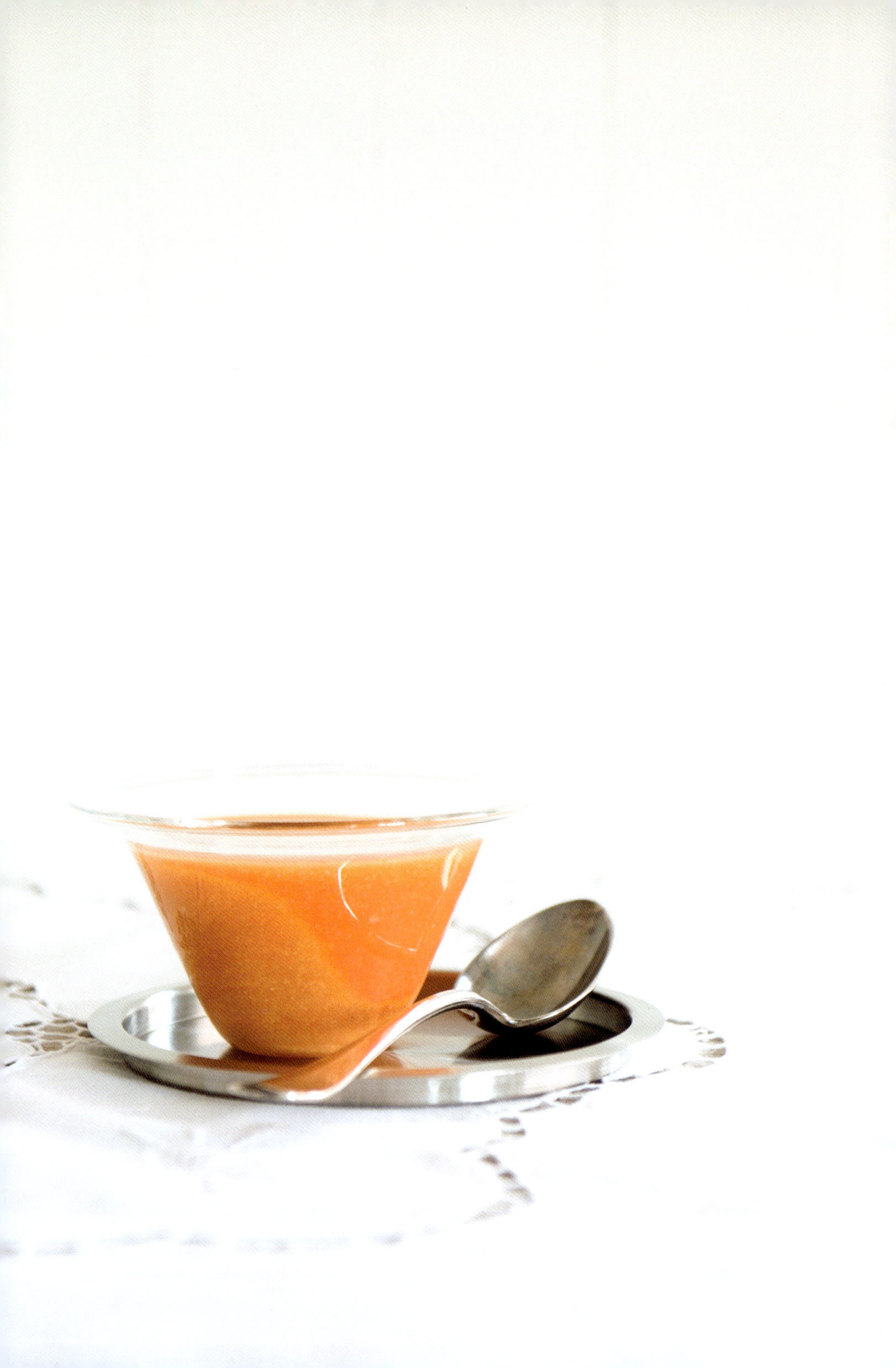

サルモレホ

[4人分]
トマト…………3個
にんにく…………1片
バゲット…………5cm
赤ワインヴィネガー…………小さじ2
オリーブオイル…………1/4カップ
水…………3/4カップ
塩…………少々

---

1. トマトはヘタをくりぬき、沸騰している湯に入れて、皮がむけてきたら取り出し、皮を取りのぞいてざく切りにする。にんにくは芯を取り、3つに切る。バゲットは大きくちぎる。
2. 1と他の材料をフードプロセッサーなどにかけてなめらかにし、冷蔵庫で冷やす。
3. 器に盛りつけ、オリーブオイル（分量外）をたらす。

note
- サルモレホは、スペイン、アンダルシア地方の伝統的なスープです。夏に旅した際に、暑くて毎日のように食べたことを思い出します。
- バゲットは食べきれず残ったものを使えば充分。乾燥してかたくなってしまった場合は、水につけてやわらかくしてから加えます。

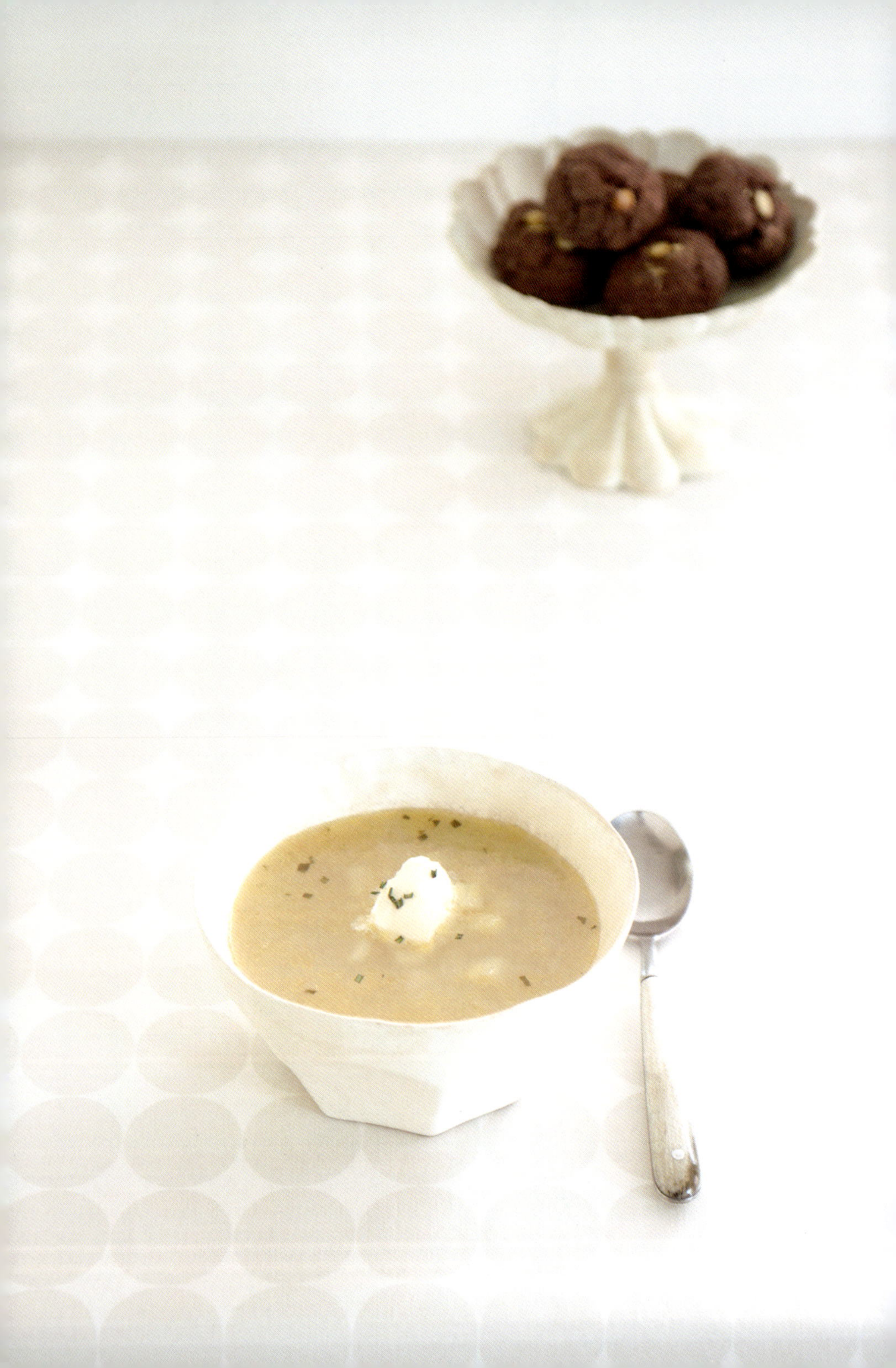

じゃがいもとローズマリーの
サワークリームスープ

[4人分]
じゃがいも…………4個
玉ねぎ…………1個
ローズマリー(フレッシュ)…………1枝
ローリエ…………1枚
オリーブオイル…………少々
塩、こしょう…………各少々
サワークリーム…………適量

1. じゃがいもは1cm角に切る。玉ねぎは粗いみじん切りにする。ローズマリーは葉を摘みとり、刻む。
2. 鍋にオリーブオイルを入れて熱し、じゃがいも、玉ねぎ、ローリエを加えて炒める。オイルが全体にまわったら、ローズマリーを入れて炒めあわせ、充分にかぶるくらいの水を加え、やわらかくなるまで煮る。
3. 塩、こしょうを加えて味をととのえる。
4. 器に盛りつけ、サワークリームを添える。

note
- サワークリームは、1人分のスープに小さじ1〜2杯くらいの分量が目安。お好みの量を添えてください。
- ローズマリーの風味がお好みであれば、仕上げに刻んだものをふりかけてもいいです。

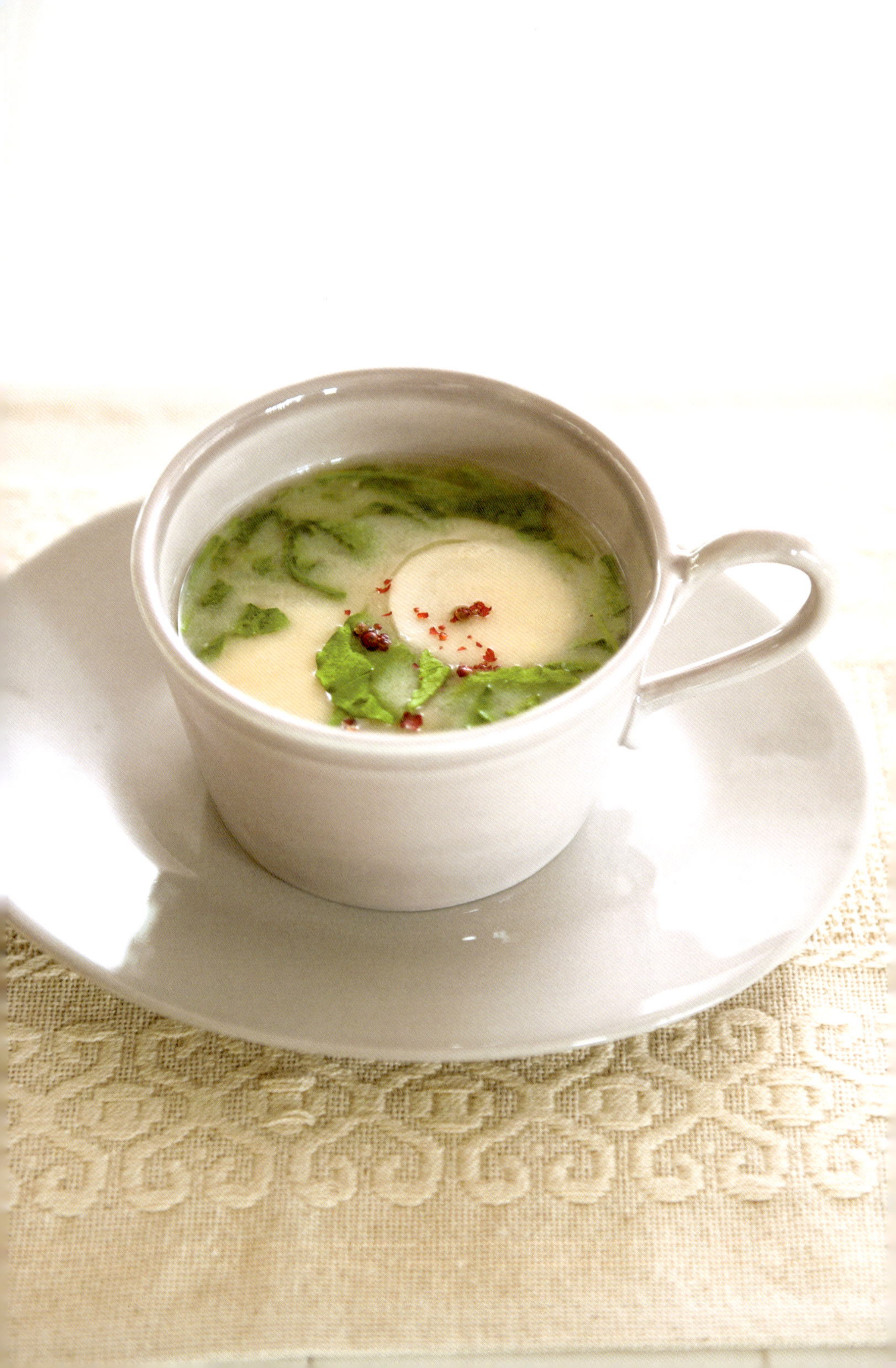

里芋とルッコラの
ジンジャー白みそスープ

[4人分]
里芋…………3個
ルッコラ…………1/2袋
しょうが…………ひとかけ
かつおのだし汁…………5カップ
白みそ…………75g
ローズペッパー…………少々

---

1. 里芋は5mm厚さに切る。ルッコラは3～4cm長さに切る。
2. 鍋にだし汁と里芋を入れて熱し、やわらかくなるまで煮る。
3. 白みそを溶き入れ、すりおろしたしょうがを加える。
4. ルッコラを加え、火を止める。
5. 器に盛りつけ、ローズペッパーをつぶしてふりかける。

note
- 白みそは、メーカーによって甘みや塩味に違いがあるので、お好みに調節してください。**3**で白みそを加える際は、あらかじめ**2**の汁を少量入れ、溶いてから加えると、混ざりやすいです。
- ローズペッパーは、ピンクペッパーとして売られていることもあります。

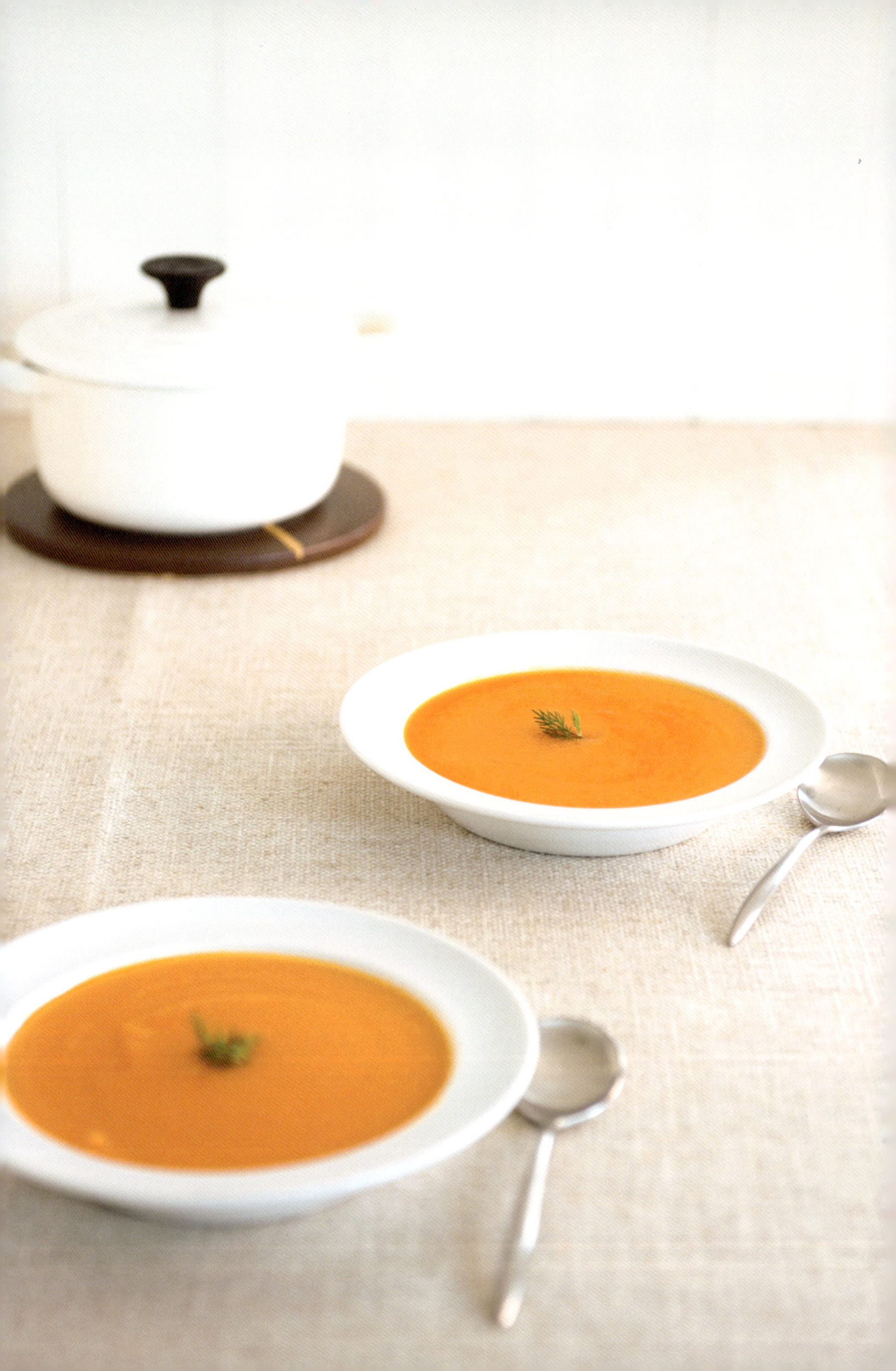

にんじんとかぼちゃのポタージュ

[4人分]
にんじん…………1本
かぼちゃ…………1/4個（皮をむいて300ｇ）
玉ねぎ…………1/2個
じゃがいも…………1個
にんにく…………1片
ローリエ…………1枚
ディル…………適量
塩、こしょう…………各少々

1. にんじんは2cm厚さのいちょう切りにする。かぼちゃは2cm角に切る。玉ねぎは薄切りにし、じゃがいもは6等分に切り、にんにくは半分に切る。
2. 鍋に1と充分にかぶるくらいの水、ローリエを入れて熱し、やわらかくなるまで煮る。
3. 鍋を一度火からおろし、粗熱がとれたらローリエを取りのぞき、フードプロセッサーなどにかけてなめらかにする。
4. 鍋に3を戻してあたため、塩、こしょうを加えて味をととのえる。
5. 器に盛りつけ、ディルを添える。

note
- いつもの野菜が集まった、ノンオイルのスープ。あきのこない、ほっとする味です。
- ディルはフレッシュでもドライでもOKです。

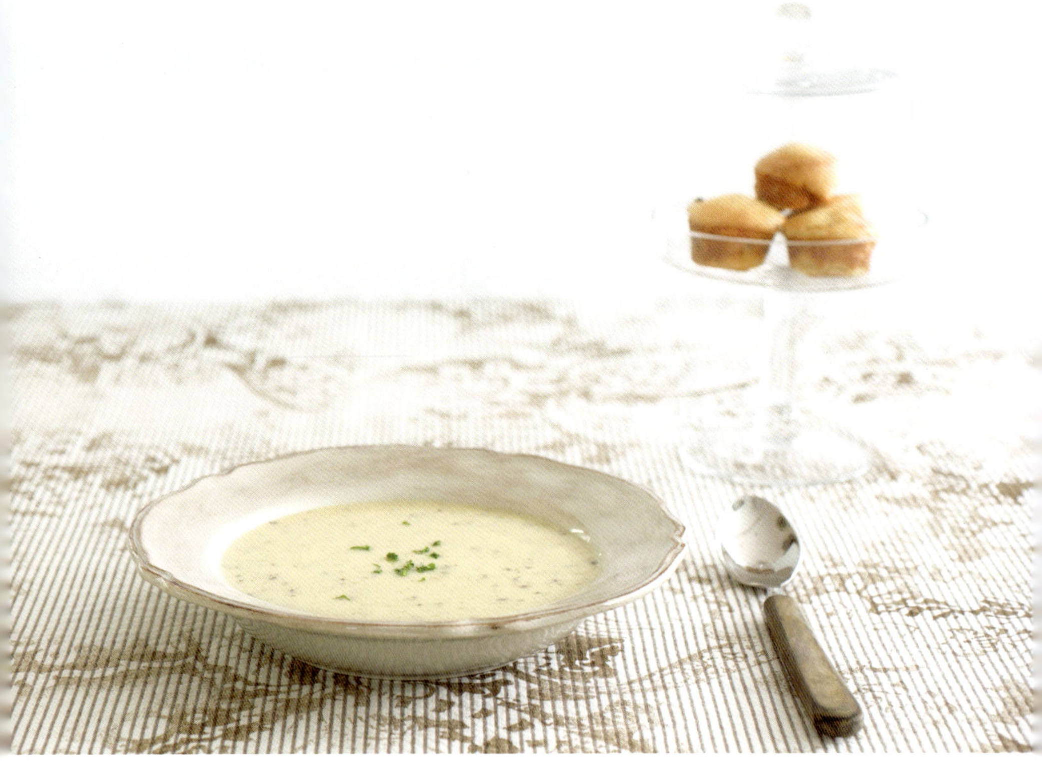

おいもとキノコのポタージュ

[4人分]
じゃがいも…………1個
さつまいも…………200g
長ねぎ…………15〜20cm
しいたけ…………3個
ローリエ…………1枚
パセリ…………少々
バター…………大さじ1
牛乳…………1/2カップ
塩、こしょう…………各少々

1. じゃがいもとさつまいもは1cm厚さのいちょう切りにする。長ねぎは小口切りにし、しいたけは石づきを取って薄切にする。
2. 鍋にバターと1、ローリエを入れて熱し、炒める。バターが全体にまわったら、充分にかぶるくらいの水を加え、やわらかくなるまで煮る。
3. 鍋を一度火からおろし、粗熱がとれたらローリエを取りのぞき、フードプロセッサーなどにかけてなめらかにする。
4. 鍋に3を戻し、牛乳を加えてあたため、塩、こしょうで味をととのえる。
5. 器に盛りつけ、刻んだパセリをふりかける。

note
- お好みで、牛乳を増やしたり、生クリームをたらすと、よりクリーミーな仕上がりになります。じゃがいもとさつまいもの割合を変えてみてもいいです。

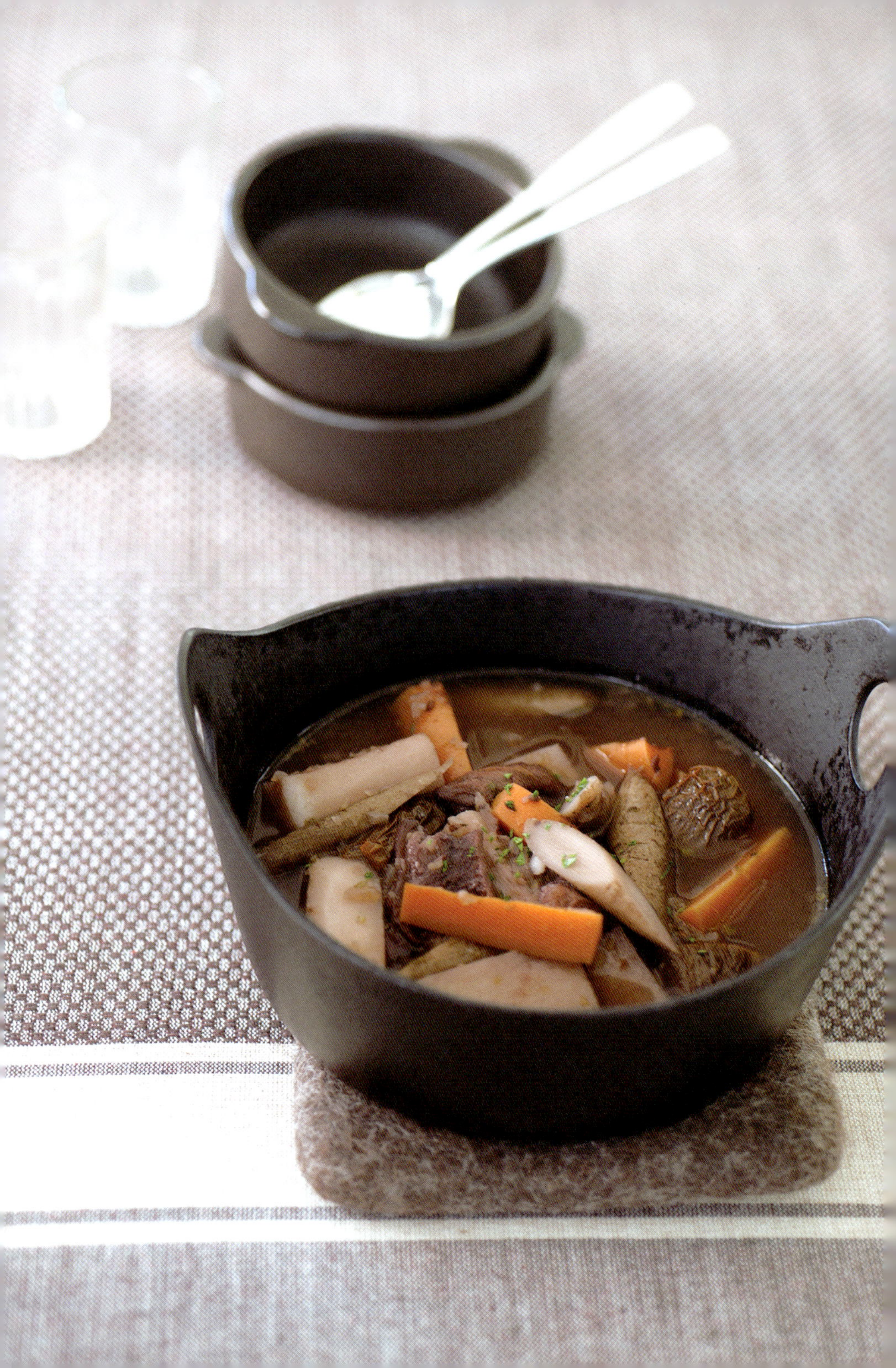

根菜の赤ワインスープ

[4人分]

ごぼう……………1/3本	ドライトマト…………4個
にんじん…………1/2本	ローリエ…………1枚
長いも…………10cm	オレガノ(ドライ)…………少々
玉ねぎ…………1/4個	バター…………大さじ1
セロリ(茎)…………5cm	赤ワイン…………1/2カップ
セロリ(葉)…………少々	塩、こしょう…………各少々
車麩…………2枚	

1. ごぼうは長めの乱切りにする。にんじんと長いもは食べやすい大きさに切る。玉ねぎとセロリの茎は粗みじん切りにする。セロリの葉はみじん切りにする。車麩は戻さずに、食べやすい大きさに切る。
2. 鍋にバター、玉ねぎ、セロリの茎、車麩、ローリエを入れて熱し、炒める。
3. バターが全体にまわったら、ごぼう、にんじん、長いもを加えて炒めあわせ、赤ワインをそそぎ入れる。
4. 煮立ったら、ドライトマト、オレガノ、充分にかぶるくらいの水を加え、やわらかくなるまで煮る。
5. 塩、こしょうを加えて味をととのえる。
6. 器に盛りつけ、セロリの葉を散らす。

note

- セロリは煮込む料理に入れると、よいだしになる香味野菜。葉も刻んでふりかけたり、煮込んだりできる手軽なハーブです。
- 秋から冬に出まわる根菜と、遠い夏につくられたドライトマトの組みあわせ。季節を感じながら料理するのは楽しいものです。

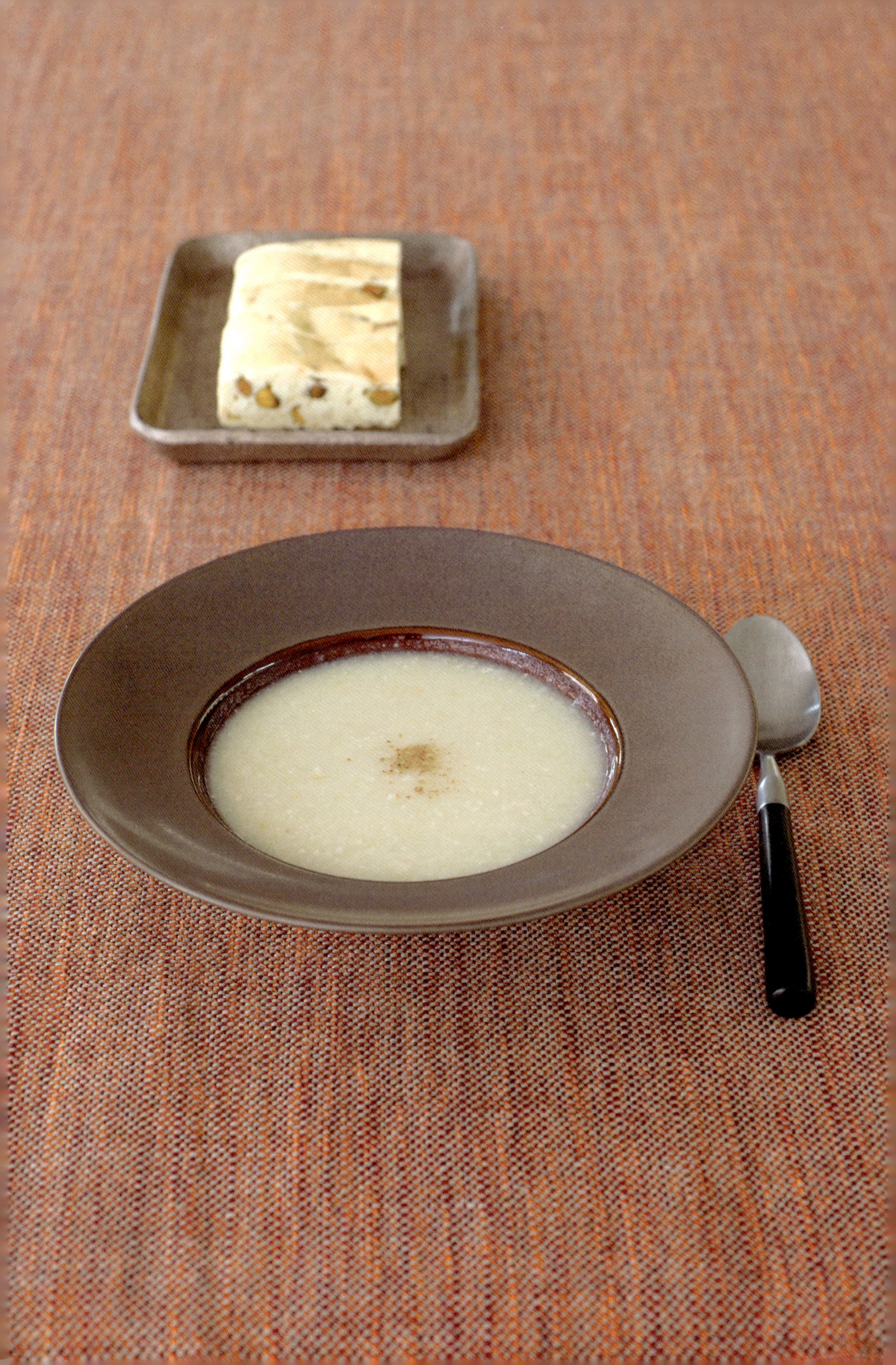

冬野菜のポタージュブラン

[4人分]
白菜…………2枚
カリフラワー…………1/2個
玉ねぎ…………1/2個
カシューナッツ…………大さじ2
バター…………大さじ1
塩…………少々
花椒…………少々

---

1. 白菜とカリフラワーはざく切りにする。玉ねぎは薄切りにする。
2. 鍋にバターと1を入れて熱し、炒める。
3. しんなりとしたら、カシューナッツと充分にかぶるくらいの水を加え、やわらかくなるまで煮る。
4. 鍋を一度火からおろし、粗熱がとれたらフードプロセッサーなどにかけてなめらかにする。
5. 鍋に4を戻してあたため、塩を加えて味をととのえる。
6. 器に盛りつけ、花椒をふりかける。

note
- 花椒は、山椒ともこしょうとも違う風味。ひとふりするとさわやかでスパイシー。ほんの少しあるだけで、スープの味がひきしまります。ないと淋しいスパイスです。

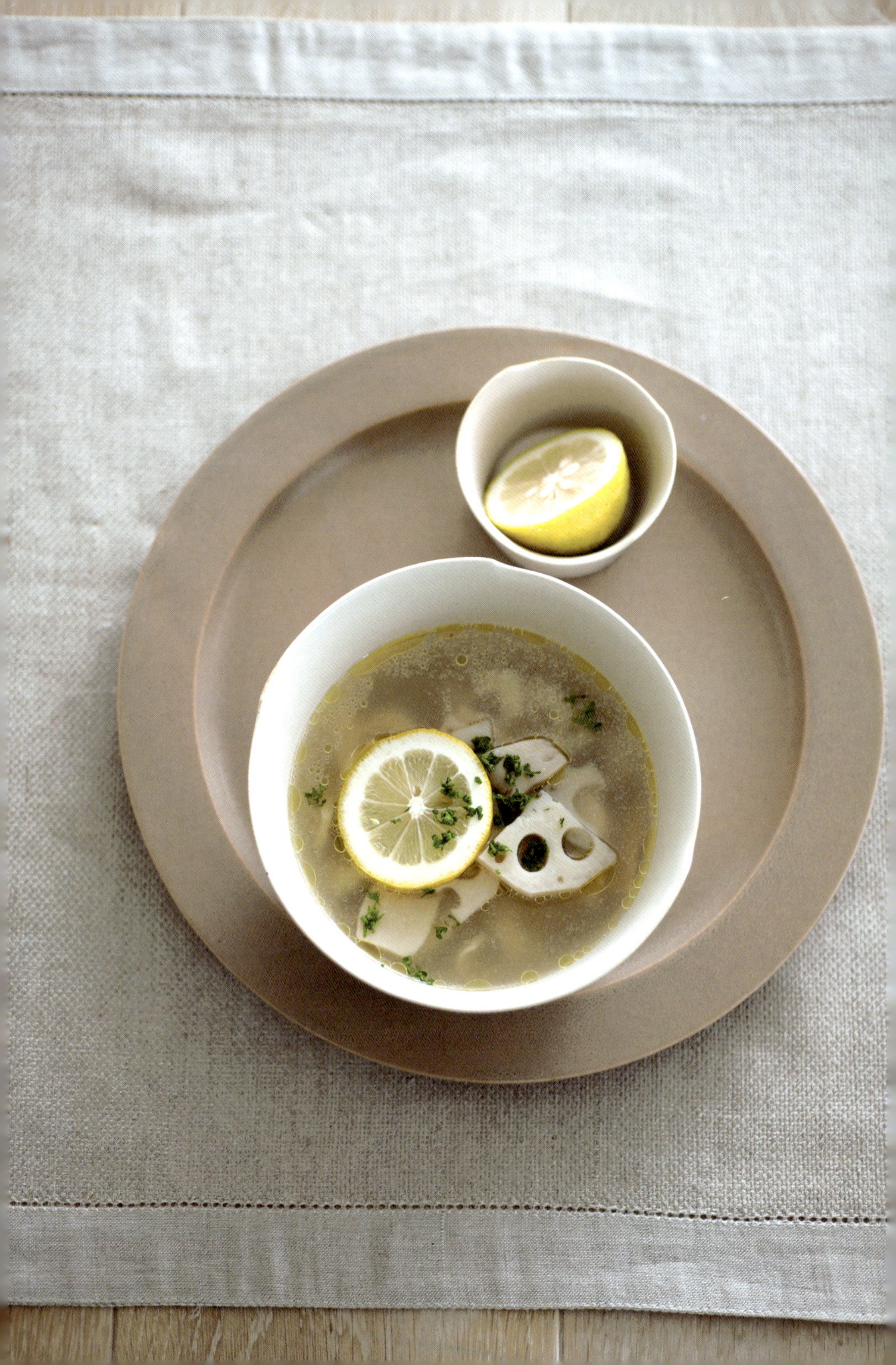

れんこんとエリンギの
レモンパセリスープ

[4人分]
れんこん…………130g
エリンギ…………2本
パセリ…………適量
レモン（無農薬）…………4切れ（約½個分）
オリーブオイル…………少々
クローヴ（ホール）…………1個
塩、こしょう…………少々

---

1. れんこんは3〜4mm厚さに切る。エリンギは食べやすい大きさに切る。
2. 鍋にオリーブオイルを入れて熱し、**1**を炒める。オイルが全体にまわったら、充分にかぶるくらいの水とクローヴを加え、やわらかくなるまで煮る。
3. 塩、こしょうを加えて味をととのえる。
4. 器に盛りつけ、刻んだパセリとレモンを添える。

note
- 器の中でレモンをギュッとスプーンで押しながら、酸味をきかせて食べるとおいしい。
- パセリはたっぷり入れるのがおすすめです。

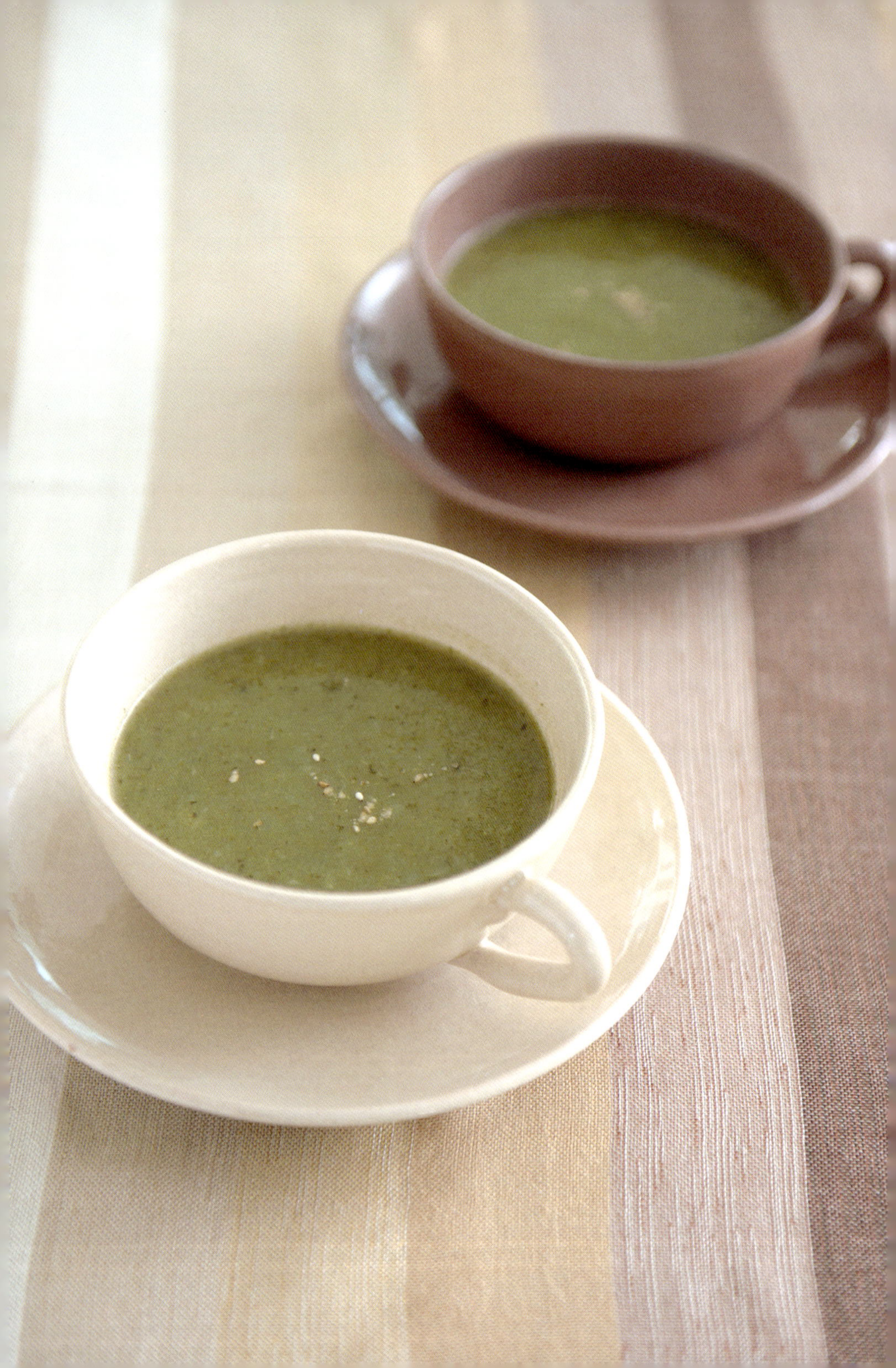

春菊とかぶのポタージュ

[4人分]
春菊…………1/2束
かぶ…………2個
じゃがいも…………1個
玉ねぎ…………1/4個
バター…………大さじ1
塩、こしょう…………各少々
白炒りごま…………適量

1. 春菊は4〜5cm長さに切る。かぶとじゃがいもはいちょう切りにする。玉ねぎは薄切りにする。
2. 鍋にバターと1を入れて熱し、炒める。しんなりとしたら、充分にかぶるくらいの水を加え、やわらかくなるまで煮る。
3. 鍋を一度火からおろし、粗熱がとれたらフードプロセッサーなどにかけてなめらかにする。
4. 鍋に3を戻してあたため、塩、こしょうを加えて味をととのえる。
5. 器に盛りつけ、白炒りごまをつぶしてふりかける。

note
- 春菊はハーブ感覚で香りを活用できる葉菜。苦味があるので、お好みの量に調節してください。

Column

季節がめぐってくるからおいしい

テーブルの上をおいしくするもの。そのひとつは季節。料理をつくるための材料と分量の割合以上に、重要なことだと思っています。店先では、一年中、途切れることなく居場所を確保している野菜もあるけれど、その季節にならないと会えない野菜たちも、幸いにして、まだあることにほっとします。この、久しぶりの出会いがいいのです。そろそろかと思ってた。今年も来てくれたね。などと会話をしながら……。

店に顔を出しはじめるのは、まだ「はしり」の頃。徐々に旬を迎えます。短い期間しか店に並ばない味覚は、見かければさっと買う。長い間出まわるものは、真っ盛り、つまり旬に買いもとめます。元気がいい、旬の野菜を。

ちょっとぐらい不格好でも気にならない。むしろ、おひさまと水と土の恵みを受けて、気持ちよく育ったのだろうなと思うくらいです。

そんな季節の野菜を手に入れたら、シンプルに食べたい。調味料も調理法も少しにおさえて、野菜本来のうまみを味わいたいのです。

久しぶりに出まわっても、その間に季節は移っていく。産地名を見ては、あぁ、北上してしまったと、名残惜しくなることも。旬がすぎれば、どんなに好きな野菜であっても、次の季節にまたと、手をふるのでした。季節はずれでも、探せばどこかで手に入るかもしれないのですが。

旬を食べるというのは、その土地の気候と風土がつくった産物をいただくということ。季節を食べることなのだと思っています。

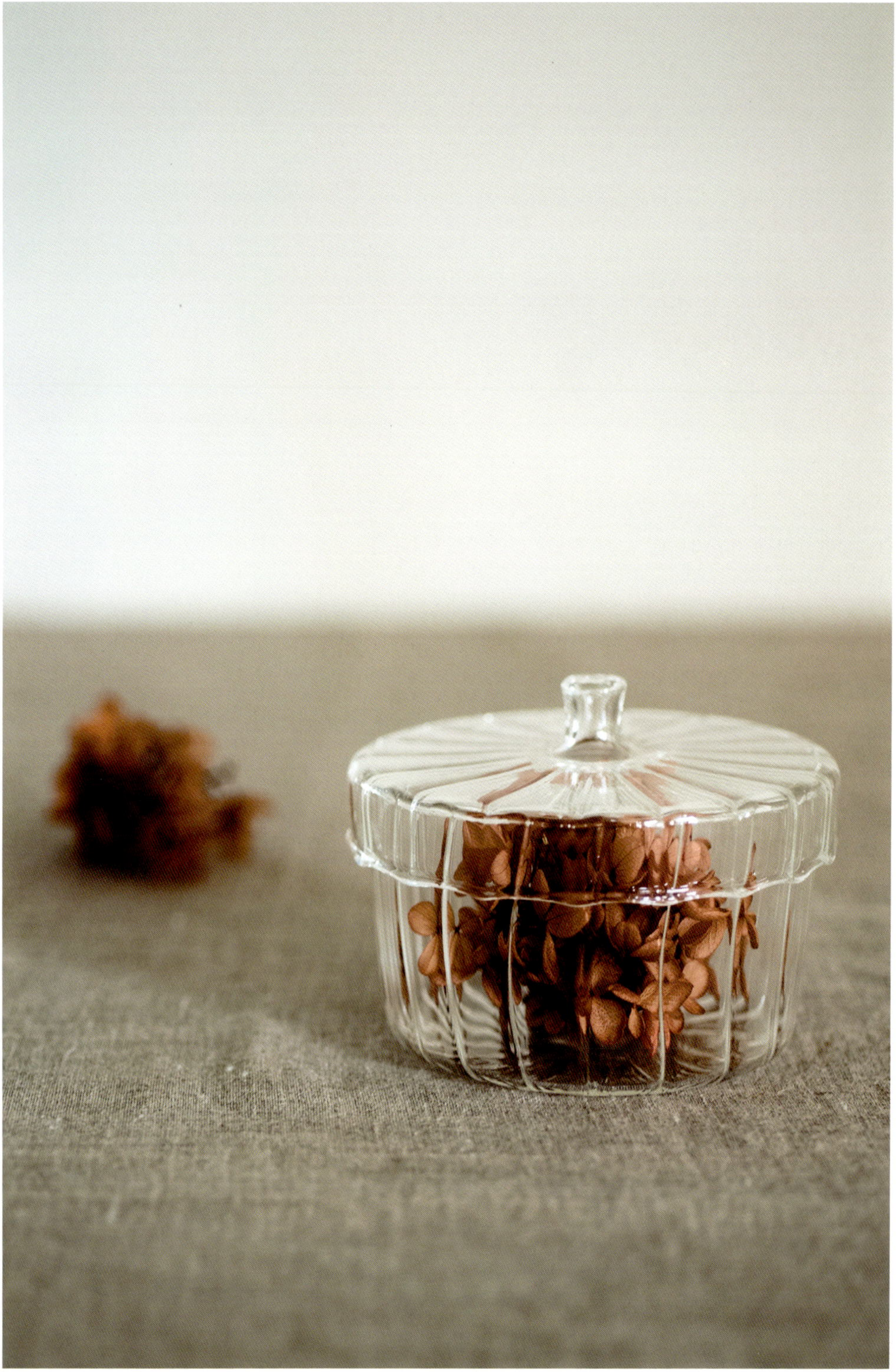

2 いつでも野菜のスープを

朝ごはんに、リラックスしたいときに、デザートに。
米や雑穀、おもちなどを入れたおなかにうれしいスープ、
ハーブや豆を入れたやさしい味わいのスープ、
フルーツとあわせた薄甘いスープ。
TPOにあわせて、野菜のスープはいつでも頼りになります。

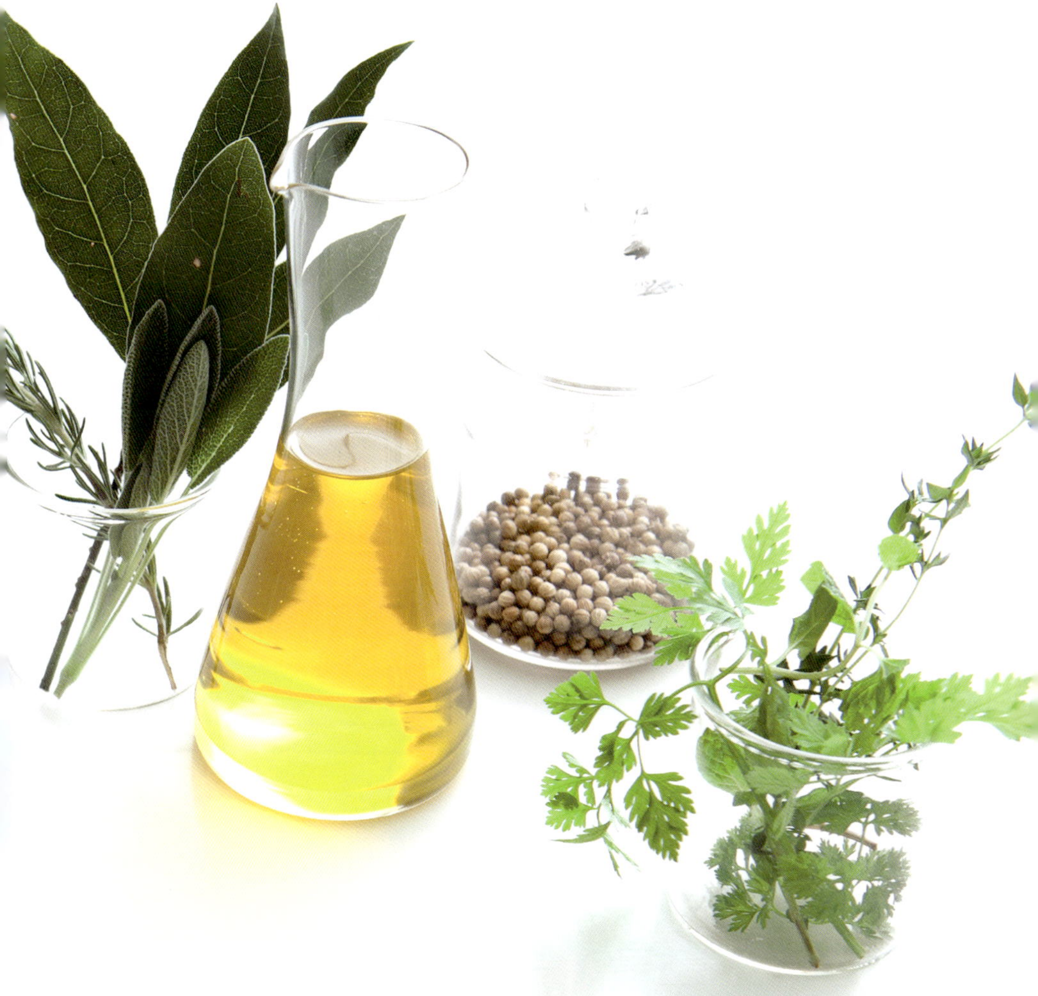

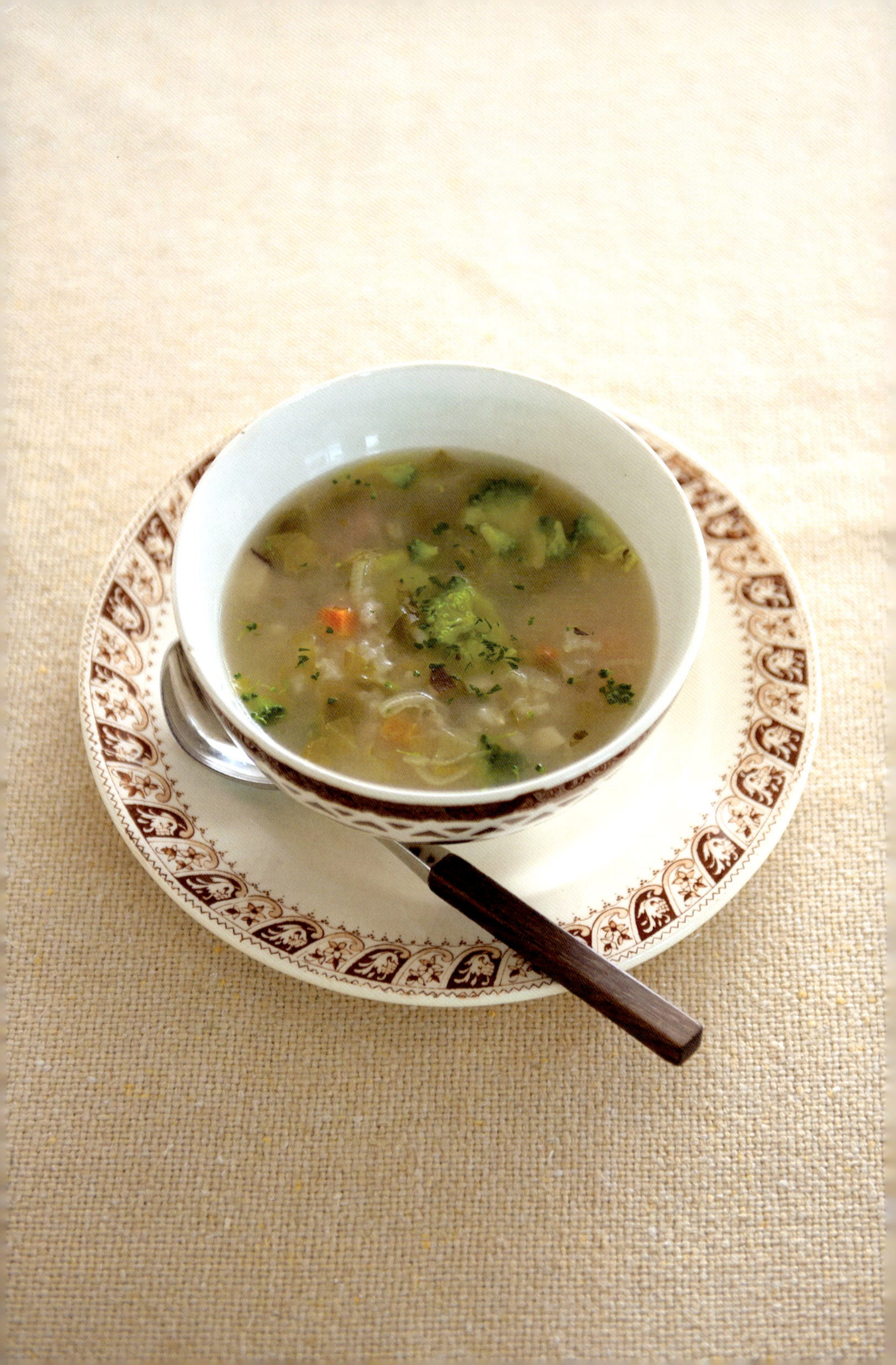

スープメランジェ

[4人分]

キャベツ……… 2枚	ローリエ……… 1枚
にんじん……… 1/3本	タイム……… 少々
ブロッコリー…… 1/4株（60ｇ）	オレガノ（ドライ）……… 少々
ピーマン……… 1個	米……… 大さじ2
しいたけ……… 1個	オリーブオイル……… 少々
長ねぎ……… 10㎝	みそ……… 小さじ2
イタリアンパセリ……… 適量	塩、こしょう……… 各少々

1. キャベツ、にんじん、ブロッコリー、ピーマン、しいたけは1.5㎝角に切る。長ねぎは小口切りにする。イタリアンパセリはみじん切りにする。
2. 鍋にオリーブオイルを入れて熱し、キャベツ、にんじん、ピーマン、しいたけ、長ねぎ、米、ローリエを加えて炒める。
3. オイルが全体にまわったら、充分にかぶるくらいの水、タイム、オレガノを加え、やわらかくなるまで煮る。さらにブロッコリーを加えてさっと火をとおす。
4. みそ、塩、こしょうを加えて、味をととのえる。
5. 器に盛りつけ、イタリアンパセリをふりかける。

note
- メランジェはフランス語で混ぜるという意味。いろんな野菜とハーブの味が混ざりあったスープです。
- レシピにある野菜は全部そろえなくても大丈夫。米の代わりに、ショートパスタや雑穀、豆でも。お好きな野菜やきのこを少しずつ混ぜてつくってください。
- タイムはフレッシュでも、ドライでもいいです。

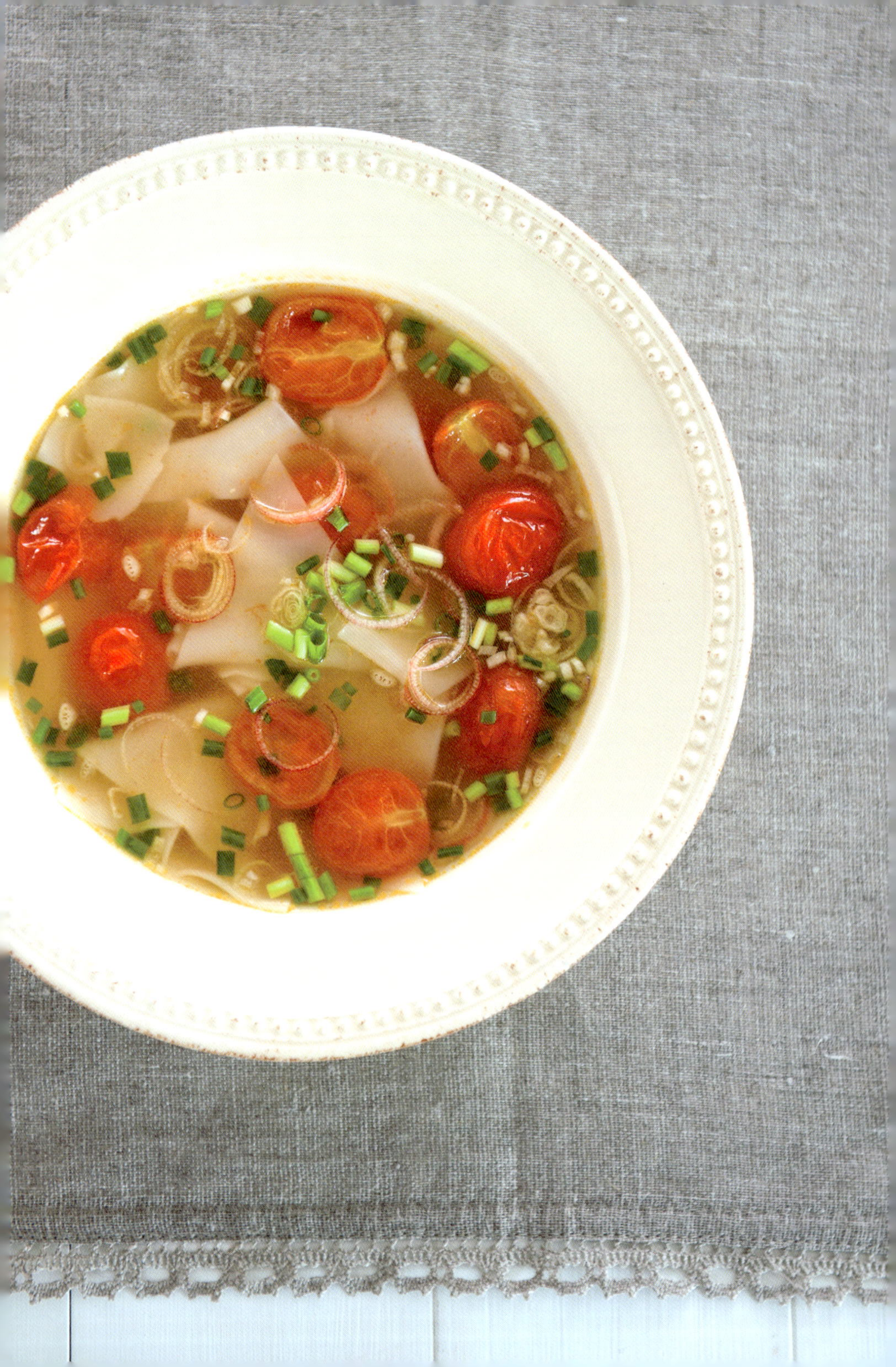

焼きプチトマトのスープ

[4人分]
プチトマト…………15個
小ねぎ…………5本
みょうが…………1個
ギョウザの皮…………15枚
オリーブオイル…………少々
しょうゆ…………小さじ1
塩、こしょう…………各少々

---

1. プチトマトは半分に切る。小ねぎとみょうがは小口切りにする。ギョウザの皮は6等分に切る。
2. 鍋にオリーブオイルを入れて熱し、プチトマトを両面焼く。
3. 2に5カップの水を加えて沸騰したら、ギョウザの皮を入れて火をとおす。
4. しょうゆ、塩、こしょうを加えて味をととのえ、小ねぎとみょうがを加えて火を止める。

note
- 小ねぎとみょうががアクセントになり、さっぱりとしています。
- ギョウザの皮は火がとおりやすく、すぐに食べられます。ささっとつくれて、つるんと食べやすい。このスープでは、パスタ感覚で入れました。**3**でギョウザの皮を入れる際は、重ならないように入れるといいです。しっかり食べたいときは、もっと分量を増やしてください。

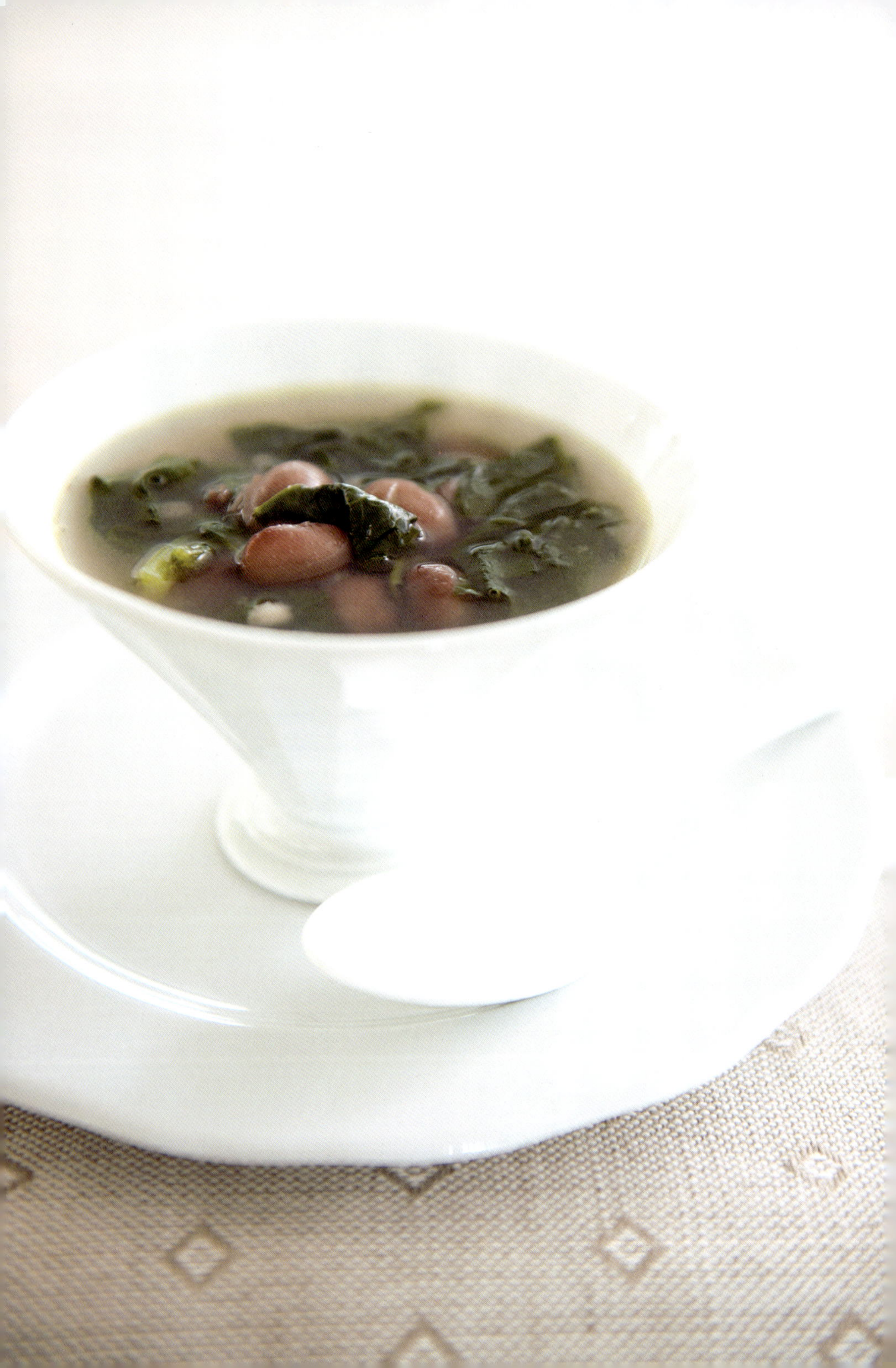

natural life
ナチュラルに
気持ちよく暮らしたい。

学陽書房 おすすめの本

天野朋子 玄米、豆、野菜、海草で元気を引き出す毎日のごはん
Whole Foods Studioの
セルフ・ヒーリング・クッキング

We are what we eat！　明日、今日よりももっと元気な自分でいたいと願う方におくる自分で自分を元気にするための毎日のごはんレシピ集。食材のもつ特徴と作用をからだとこころの健康に役立てていくためのポイントと毎日無理なく続けていくためのヒント、おすすめレシピが満載です。ISBN978-4-313-87134-2 ●定価1890円

柿木太郎・柿木友美 こんなフレンチが食べたかった！
マクロビオティックで楽しむ
野菜フレンチ

素材の力を存分に引き出す自然の摂理にかなったマクロビオティックの料理法をベースに、プロのフランス料理シェフが発想豊かに作り上げた新しいフレンチのレシピ集。体も心もしっかり満たしてくれる、美しく豊かな味わいの35のレシピを惜しみなくご紹介。
ISBN978-4-313-87133-5 ●定価1890円

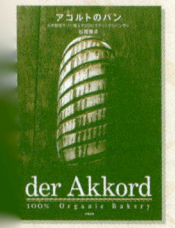

松尾雅彦 天然酵母サワー種＆マクロビオティックのパン作り
アコルトのパン

東京・表参道の人気ベーカリー「der Akkord（アコルト）」のパン作りの秘密を初公開。配合やコツ、安全な素材とその選び方、基本の酵母とサワー種のおこし方など、家庭でとびきりおいしいアコルト流のパンを焼くための方法を惜しみなくご紹介！
ISBN978-4-313-87132-8 ●定価2310円

学陽書房
〒102-0072東京都千代田区飯田橋1-9-3　営業TEL.03-3261-1111
http://www.gakuyo.co.jp（価格は5％税込価格です）　　2010.8

西野椰季子　der Akkordのからだと心においしく楽しむレシピブック
マクロビオティック 毎日のパン・デリ・ごはん

簡単でおいしくて気持ちいい!! 東京・表参道の人気ベーカリー「アコルト」が贈るマクロビオティックごはんのレシピ集。天然酵母パンをおいしく食べるサンドイッチ、手軽にできてからだが喜ぶスープ、玄米やパスタ、サラダやデリもの、スイーツなど、シンプルで長続きできる、毎日役立つ一冊です。ISBN978-4-313-87120-5 ●定価1575円

境野米子　自然の恵みをおいしく食べる食育レシピ
こどもに食べさせたいごはんと野菜

穀物と野菜を中心に、豆や乾物、海藻などをシンプルに組み合わせ、日本人の体覚や体質に合ったやさしい味つけのレシピは毎日役立つものばかり。大地の恵みと旬の素材をまるごと食べる簡単ごはんと野菜のおかずは、こどもはもちろん家族みんなを元気にしてくれます。
ISBN978-4-313-87115-1 ●定価1680円

境野米子　自然の恵みと暦をゆったり味わう12月のレシピ
こどもと楽しむにほんの行事ごはん

四季のうつろいを感じとり、暦を見直し、自然の恵みを大切にいただきながら、昔ながらの年中行事をじっくり味わう家庭ごはんのレシピ集。先祖が作り続けてきた晴れの日の食を今に活かしながら、家族みんなでにぎやかに楽しめるおいしいレシピがいっぱいのおすすめの一冊。ISBN978-4-313-87126-7 ●定価1680円

ウエダ家　北原まどか 文　暮らしにしみ入るおいしさ
酵母ごはん

旬の果物や野菜、ハーブなどをビンに詰めるだけで誰でも簡単に育てられる酵母。そのまま飲めるサイダーみたいなシュワシュワ酵母液、スープ、炊き込みご飯、蒸し物、パンなどの各種メニューからスイーツ、おせち料理まで、おいしくて体にやさしい簡単レシピが満載！
ISBN978-4-313-87110-6 ●定価1680円

大谷ゆみこ　野菜+雑穀で作る簡単おいしいナチュラルレシピ
つぶつぶ雑穀スープ

ヒエ、キビ、アワ、高キビ……人気食材、エコ食材の雑穀と身近な野菜を組み合わせ、手軽な一鍋クッキングで驚くような自然のうま味と栄養がつまった簡単シンプルの雑穀つぶつぶスープ。大地のエネルギーに満ちた体も心もぐんぐん元気になるスープレシピがいっぱい！
ISBN978-4-313-87112-0 ●定価1575円

大谷ゆみこ

毎日食べたい！からだの元気を引き出す簡単おかず
つぶつぶ雑穀おかず

野菜たっぷりで、感動のおいしさ！ 高キビミートボール、もちキビのオムレツ、粒ソバギョウザ……うまさとボリュームたっぷりの人気の絶品レシピが盛りだくさん。雑穀は穀物の仲間にして、挽肉や卵、チーズ、ミルク、お魚などの風味と食感を引き出せる驚きの食材です！ ISBN978-4-313-87122-9 ●定価1680円

大谷ゆみこ

野菜と雑穀がおいしい！簡単炊き込みごはんと絶品おかず
つぶつぶ雑穀ごちそうごはん

炊飯器にいつものごはんと雑穀、野菜を入れて、スイッチ・ポン！ そのままメインディッシュになる新感覚の炊き込みごはんと、炊き込みごはんを活用して作る簡単おかずは、自然の恵みとうま味がぎっしり。ふっくら栄養たっぷりのレシピは、感動的なおいしさです。ISBN978-4-313-87118-2 ●定価1575円

大谷ゆみこ

メインディッシュにもなる簡単ナチュラルレシピ
つぶつぶ雑穀サラダ

腸はスッキリ元気、お肌はツルツル、からだの中からキレイに！ 食欲がないときや、ごはんがちょっと重いなと感じるようなときでも、雑穀サラダ一品でしっかり栄養補給できてしまう、主食にもメインディッシュにもちょっとしたおかずにも、また、軽食やおやつにもなるつぶつぶ流サラダの簡単レシピ集。ISBN978-4-313-87129-8 ●定価1575円

大谷ゆみこ

野菜と和素材がベースの体にやさしい絶品中華料理レシピ
つぶつぶ雑穀中華

高キビを使った麻婆豆腐や棒餃子、もちキビを使ったふわふわあんかけや炒飯、ヒエを使ったチリソースや水餃子……ヘルシーなコクと一度食べたらおいしくてやめられない、家族みんなが大満足な至福のレシピを一挙大公開。中華冷菜＆中華スープの簡単レシピも収録。ISBN978-4-313-87128-1 ●定価1680円

大谷ゆみこ

野菜＋雑穀のおいしさが味わえる驚きのパスタソース術
つぶつぶ雑穀パスタ

高キビのボロネーゼ、もちキビのカルボナーラ、ヒエ粉のホワイトクリームパスタ……簡単で、おいしくて、体の元気も引き出してくれる絶品パスタソースレシピ誕生！ 本格イタリアンから和風、アジアンまで、雑穀の多彩な味と食感、風味が味わえる感動レシピが満載です。ISBN978-4-313-87127-4 ●定価1575円

大谷ゆみこ

野菜がたっぷり食べられる毎日のヘルシーレシピ
つぶつぶ雑穀お弁当

炒りもちキビの菜の花弁当、ヒエの蟹爪風フライ弁当、高キビタコミートのラップサンド弁当……野菜と穀物を主役に 100％ナチュラル素材だけで作れる、子どもも大人も大満足のお弁当レシピ、初公開。おいしくて栄養もボリュームもたっぷりなのに、体はスッキリ！ ISBN978-4-313-87124-3 ●定価1680円

セヴァン・カリス＝スズキ
ナマケモノ倶楽部編/訳

あなたが世界を変える日

12歳の少女が環境サミットで語った伝説のスピーチ

この星をこれ以上、こわさないで。

世界中を感動させた12歳の少女の環境サミットでの「伝説のスピーチ」が、カラフルな絵本になりました！ 坂本龍一さん・落合恵子さんも絶賛！「ひとりの子どもの力が世界を変えることもあるんだよ」と、すべての子どもに手渡したい一冊です。ISBN978-4-313-81206-2 ●定価1050円

中村純子 自然のめぐみをからだにもらおう

自然素材で手づくり！
メイク＆基礎化粧品

コーンスターチでつくるファンデーションから、口紅やグロス、アイシャドー、せっけん、化粧水、クリームまで、自然な素材で自分の肌に合う安全なメイク＆基礎化粧品が楽しくつくれる簡単レシピ集。自然素材を使った赤ちゃんのスキンケアレシピも好評！
ISBN978-4-313-88046-7 ●定価1470円

中村純子 アロマで楽しむ！

美肌になろう！
手作りのリキッドソープとクレイ

贅沢に自然素材を使った、肌にやさしいリキッドソープ（液体石けん）で、髪も美肌もつやつやしっとり！ たった15分のかんたんレシピ。ニキビや美白にばつぐんの効果のクレイ（スキンケア用の粘土）のエステレシピも満載！ おうちに一冊キープしたい美肌のための一冊！ ISBN978-4-313-88047-4 ●定価1470円

ほうれんそうと金時豆のスープ

[4人分]
ほうれんそう…………1/2束
玉ねぎ…………1/4個
金時豆(ゆでたもの)…………1カップ
押麦…………大さじ1
アニスシード…………少々
オリーブオイル…………少々
塩、こしょう…………各少々

---

1. ほうれんそうは3cm長さに切る。玉ねぎは粗いみじん切りにする。
2. 鍋にオリーブオイルを入れて熱し、1を炒める。
3. オイルが全体にまわったら、金時豆、押麦、アニスシード、充分にかぶるくらいの水を加え、やわらかくなるまで煮る。
4. 塩、こしょうを加えて味をととのえる。

note
- アニスシードは甘くて独特の香り。ギリシャ、エジプト地域が原産といわれ、古代エジプト時代から使われてきた歴史のあるスパイス。欧米ではお菓子や料理、お酒に用いられています。好みが分かれるかもしれませんが、わたしは好きなスパイス。
- 金時豆は時間があるときにたくさんゆでて、小分けにして冷凍しておくと便利です。

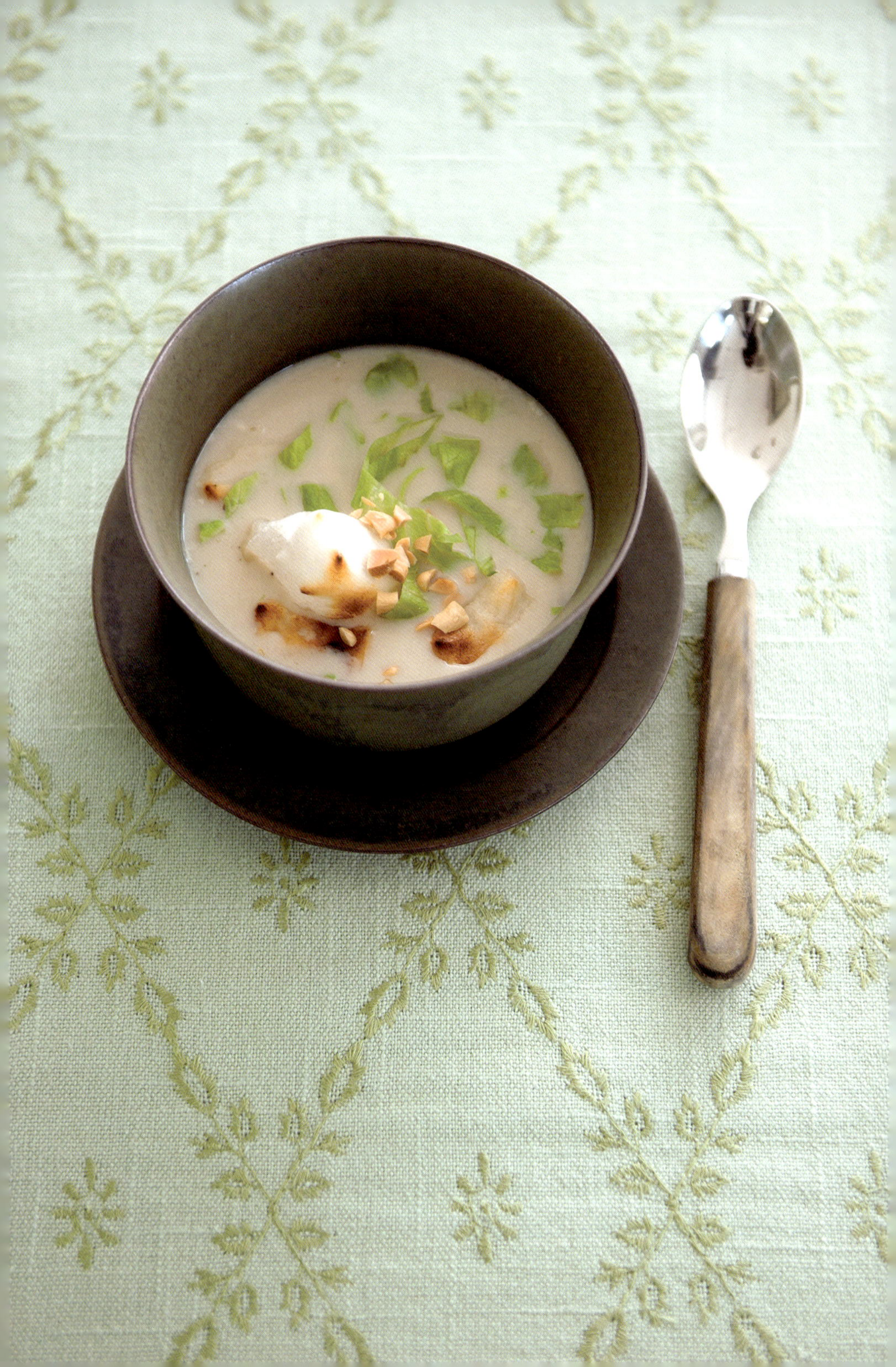

レタスとおもちの豆乳スープ

[4人分]
ブラウンマッシュルーム…………7個
レタス…………2枚
落花生…………大さじ2
もち…………4個
豆乳…………1カップ
ゆずこしょう…………適量
しょうゆ…………小さじ1
塩…………少々

1. ブラウンマッシュルームは薄切りにし、レタスは細切りにする。落花生は粗く刻み、もちは4等分に切る。
2. 鍋にブラウンマッシュルームと4カップの水を入れて熱し、ひと煮立ちしたら豆乳を加え、沸騰させないように弱火であたためる。
3. ゆずこしょう、しょうゆ、塩を加えて味をととのえる。
4. もちを焼き、3に加える。
5. 器に盛りつけ、レタスと落花生をのせる。

note
- 豆乳は熱くしすぎると分離するので、グツグツと沸騰させないように注意してください。
- ブラウンマッシュルームは他のきのこに代えたり、数種類のきのこをあわせてもいいです。
- ゆずこしょうは日本のハーブ・スパイス。少し加えるとピリッとひきしまって、風味が増します。
- このスープに入れる落花生は歯ごたえがあるとおいしいので、細かくしすぎないのがおすすめです。

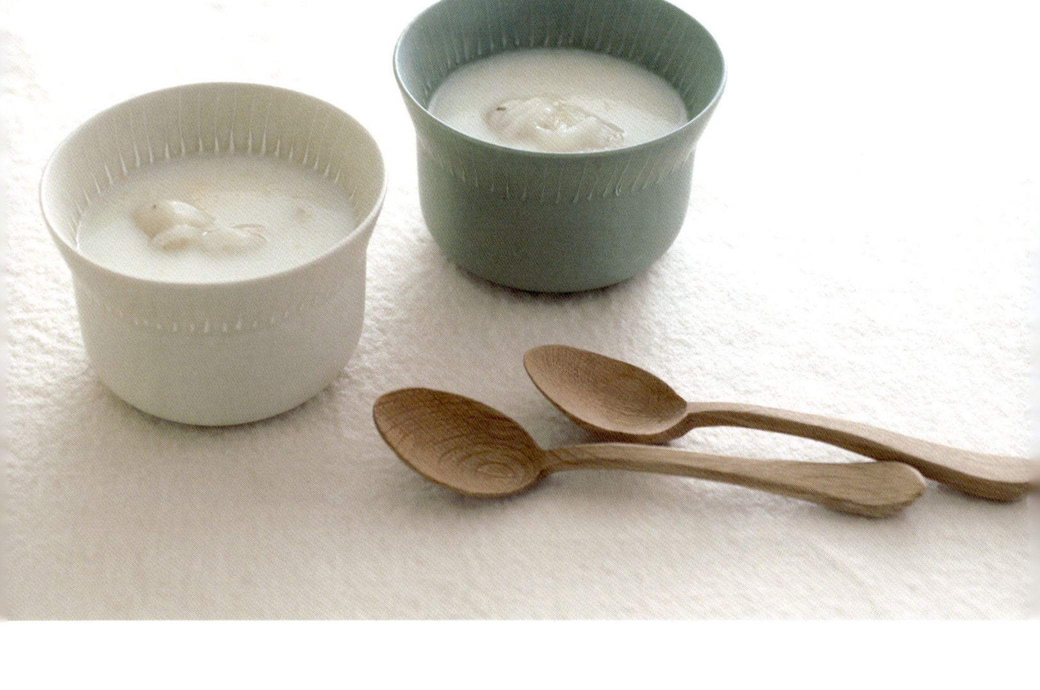

ハーブ白玉のスープ

[4人分]
玉ねぎ…………1/2個
ローリエ…………1枚
バター…………大さじ1
牛乳…………1/4カップ
塩、こしょう…………各少々

ハーブ白玉(20個分)
- 白玉粉…………1カップ
- セージ(ドライ)…………小さじ1
- 水…………適量(75ml前後)

---

1. ハーブ白玉をつくる。白玉粉とセージをあわせ、分量の水を少しずつ加えて練る。20等分にして丸め、やや平らに押さえて形づくる。
2. スープをつくる。玉ねぎは薄切りにする。鍋にバター、玉ねぎ、ローリエを入れて熱し、よく炒めたら4〜5カップの水を加えやわらかくなるまで煮る。牛乳、塩、こしょうを加え、味をととのえる。
3. ハーブ白玉をスープに入れ、火をとおす。

note
- ハーブ白玉を練る際は、耳たぶくらいのかたさを目安に、水の量を加減してください。
- **3**では、ハーブ白玉が浮き上がってきたら、火がとおった合図。
- セージが手に入らない場合は、オレガノでもいいですし、両方を混ぜてもOKです。

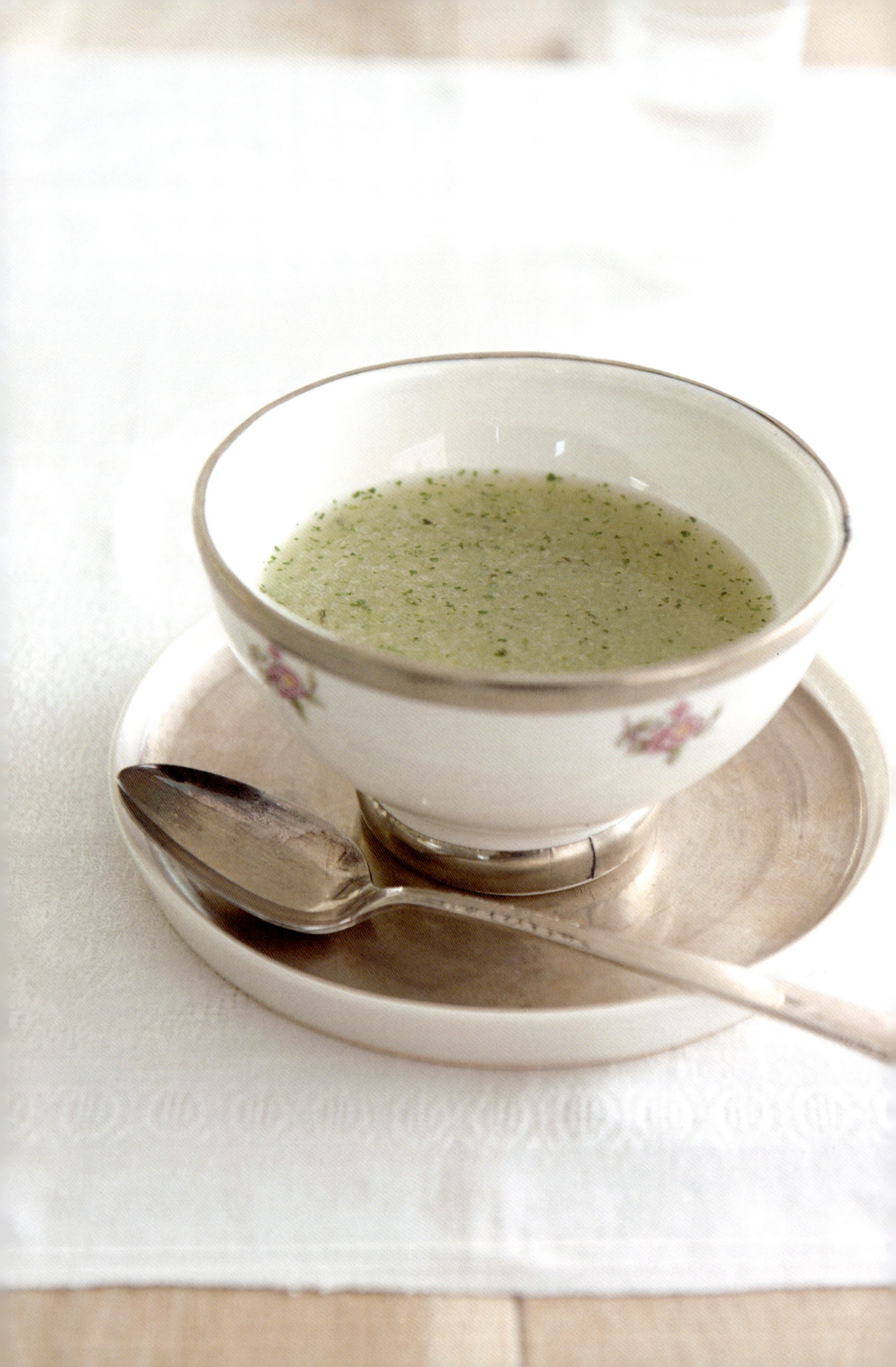

セロリと青りんごの
ハーブポタージュ

[4人分]
セロリ(茎)…………1本
玉ねぎ…………1/4個
青りんご…………1個
ローズマリー(フレッシュ)…………1枝
ローリエ…………1枚
ミント(フレッシュ)…………10枚
塩…………少々

---

1. セロリと玉ねぎは薄切りにする。青りんごはいちょう切りにして、塩水にくぐらせ、水気をきる。ローズマリーは葉を摘みとり、枝を取りのぞく。
2. 鍋に1とローリエ、充分にかぶるくらいの水を入れて熱し、やわらかくなるまで煮る。
3. 鍋を一度火からおろし、粗熱がとれたらローリエを取りのぞき、ミントとともにフードプロセッサーなどにかけてなめらかにする。
4. 鍋に3を戻してあたため、塩を加えて味をととのえる。

note
- 薄甘くてさわやかな味は、リラックスタイムにぴったり。あたたかくしても冷たくしてもおいしい。ミントの量は、お好みにあわせて加減してください。

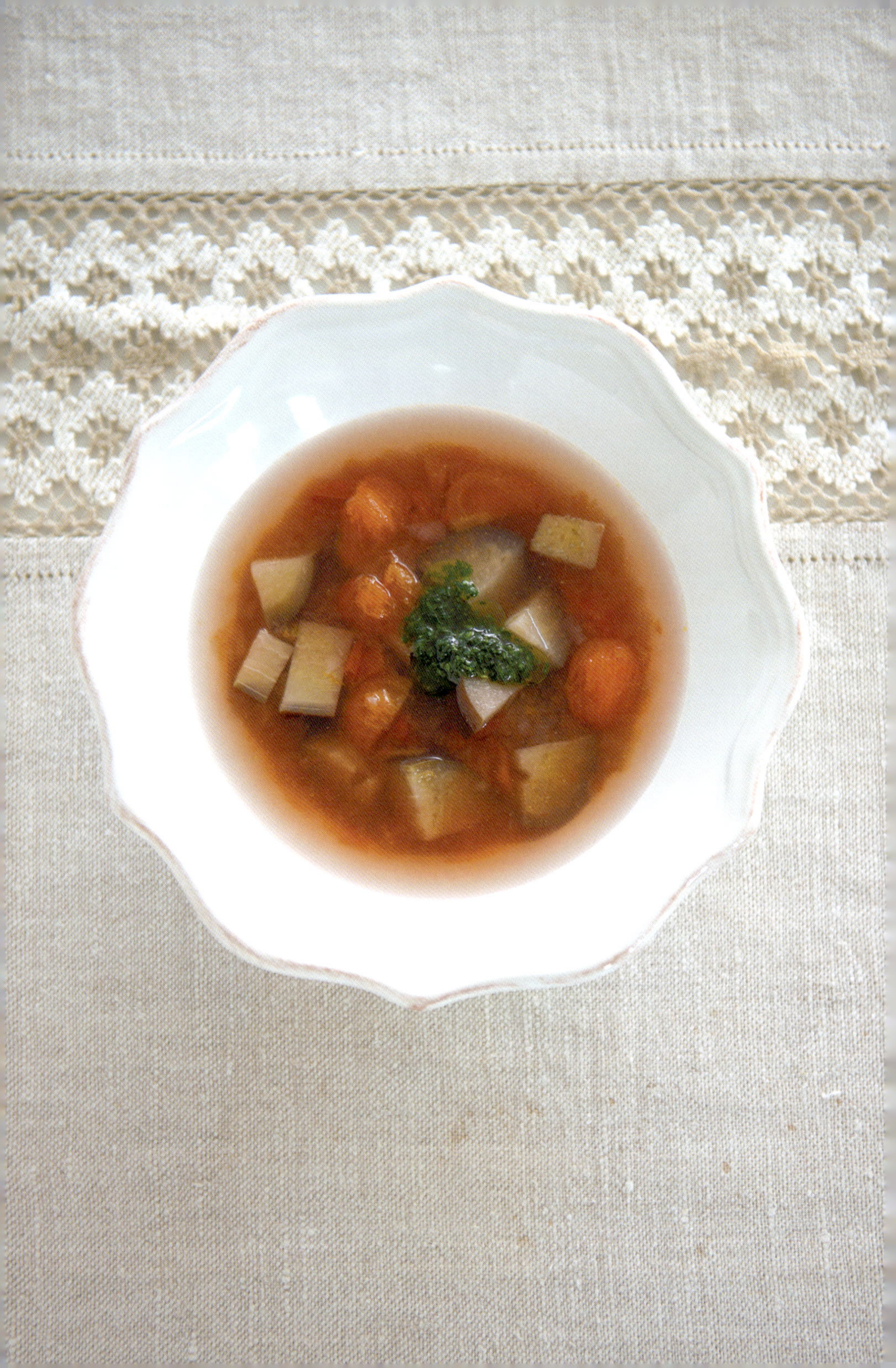

なすとトマトのバジルスープ

[4人分]
なす………1本
トマト………1個
玉ねぎ………¼個
ローリエ………1枚
塩、こしょう………各少々

バジルペースト（つくりやすい分量）
　バジル（フレッシュ）………40g
　オリーブオイル………75ml
　塩………適量

---

1. バジルペーストをつくる。バジルと塩をフードプロセッサーなどに入れ、オリーブオイルを加えながらなめらかにする。
2. スープをつくる。なすは食べやすい大きさに切る。トマトはざく切りにする。玉ねぎは粗いみじん切りにする。
3. 鍋に**2**とローリエ、充分にかぶるくらいの水を入れて熱し、やわらかくなるまで煮る。
4. 塩、こしょうを加えて味をととのえる。
5. 器に盛りつけ、バジルペーストを適量添える。

note
- バジルペーストにオリーブオイルが入っているので、スープの野菜は炒めずにあっさりと仕上げています。1人分のスープにはバジルペースト小さじ1杯を目安に添えてください。また、バジルペーストの材料ににんにくを加えれば、パスタのソースとしても活用できます。

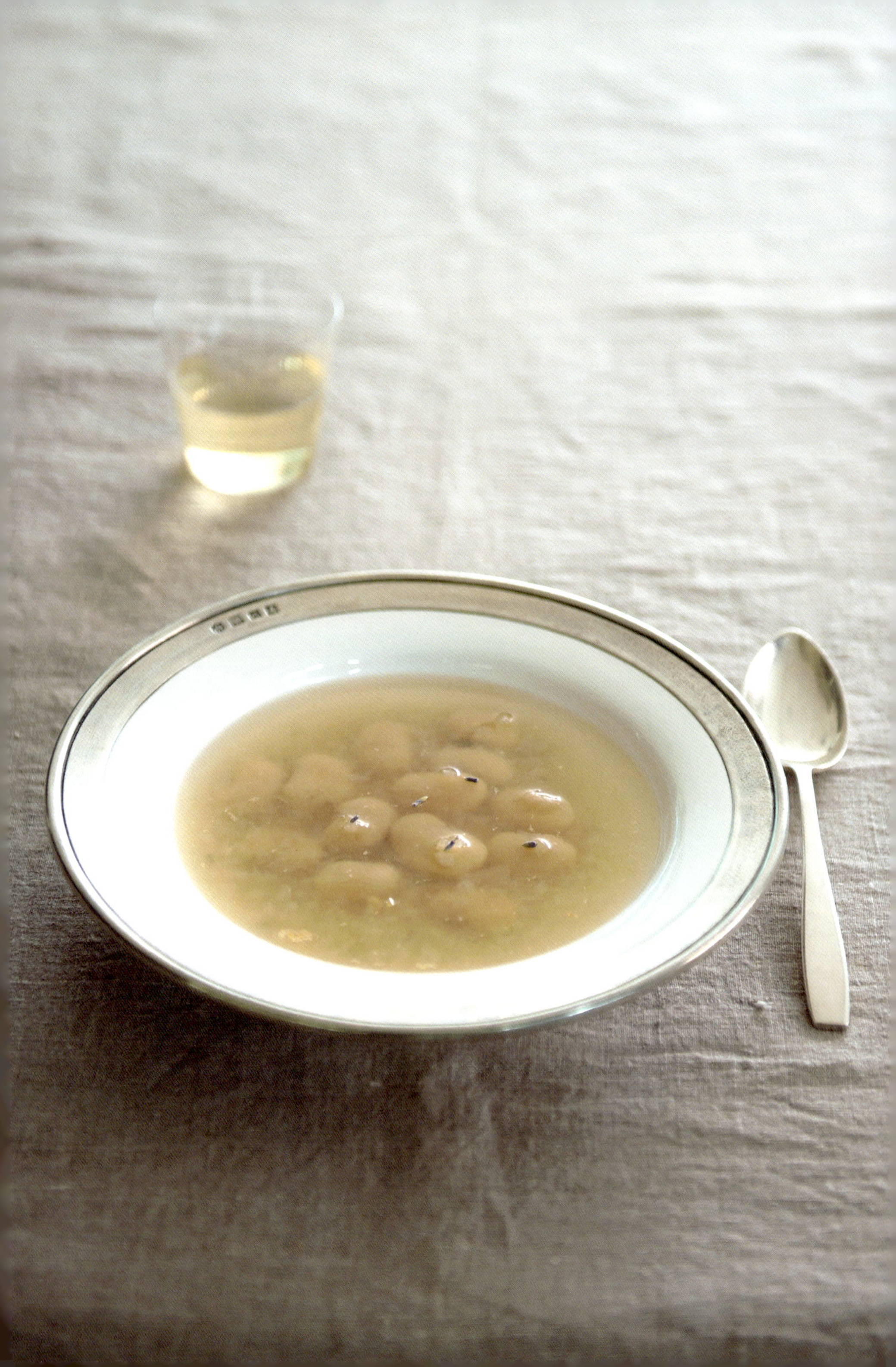

白花豆と落花生のハーブスープ

[4人分]
白花豆（ゆでたもの）……… 1½カップ
玉ねぎ……… ½個
落花生……… 大さじ2
ローリエ……… 1枚
セージ（ドライ）……… 少々
オレガノ（ドライ）……… 少々
ラヴェンダー（ドライ）……… 少々
塩、こしょう……… 各少々

1. 玉ねぎは粗いみじん切りにする。落花生はすり鉢やミルなどを使って、細かくする。
2. 鍋に玉ねぎ、白花豆、ローリエ、セージ、オレガノ、5カップの水を入れて熱し、やわらかくなるまで煮る。
3. 落花生、塩、こしょうを加え、味をととのえる。
4. 器に盛りつけ、ラヴェンダーを散らす。

note
- 豆とハーブのスープです。落花生は豆の仲間。花がつく名前の豆をあわせてみました。ハーブとも好相性です。落花生はすり鉢でする際、できるだけ練らないように、細かく砕ければOK。フードプロセッサーやミルなどで粉末状にしてもいいです。
- 白花豆は時間があるときにたくさんゆでて、小分けにして冷凍しておくと便利です。
- ラヴェンダーの香りは、リラックス効果があることで知られています。意外と香りが強いので、料理に使う場合はアクセントにするくらいに少量から試してください。こころやからだが緊張気味のとき、そっとサポートしてくれます。

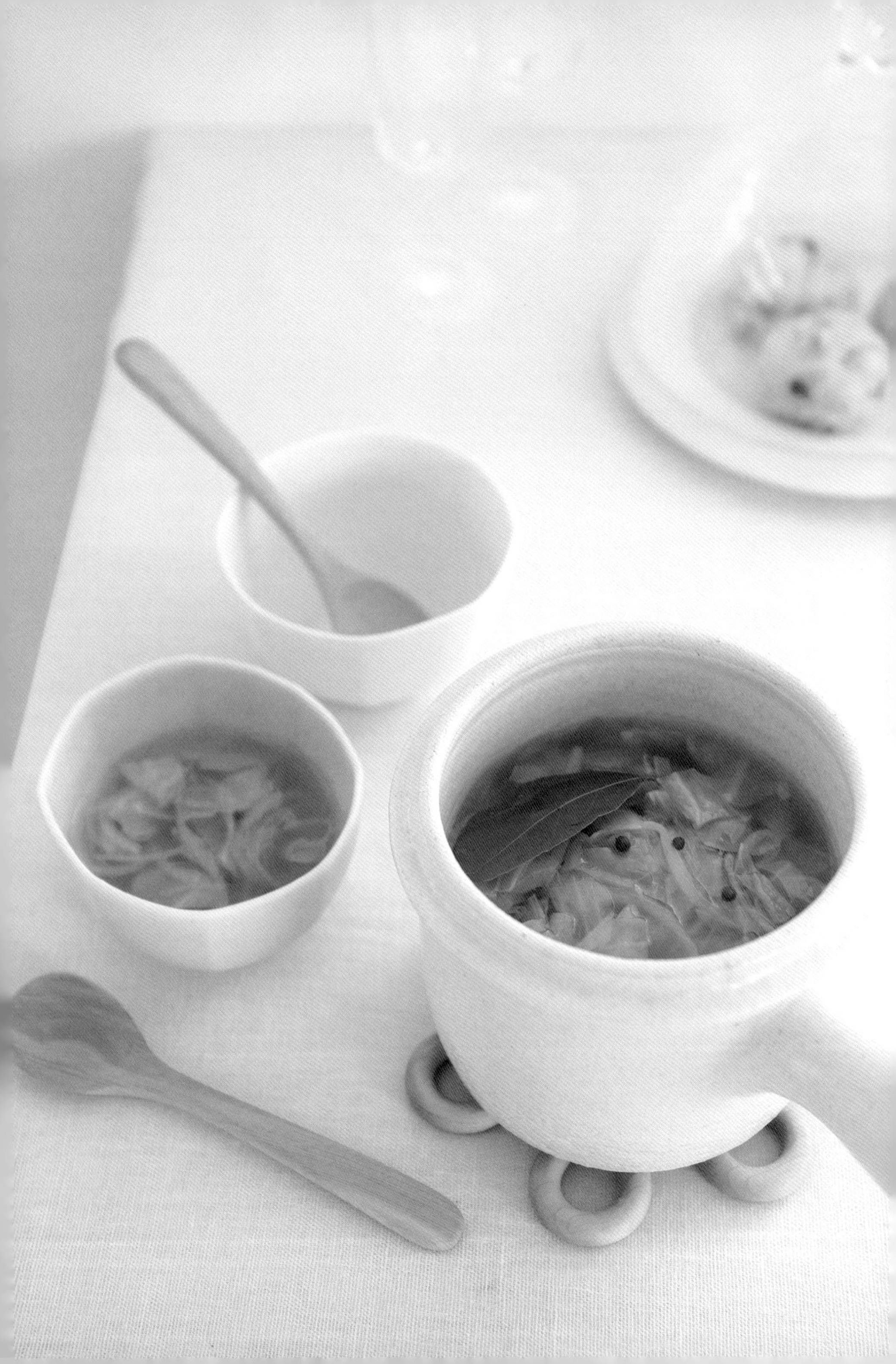

キャベツとレモングラスのスープ

[4人分]
キャベツ………3〜4枚
玉ねぎ………1/2個
レモングラス(ドライ)………大さじ1 1/2
ローリエ………1枚
コリアンダーシード………小さじ1/4
オリーブオイル………少々
塩、こしょう………各少々

---

1. キャベツは食べやすい大きさに切る。玉ねぎは薄切りにする。レモングラスはあとで取り出しやすいようにガーゼで包み、糸で縛る。
2. 鍋にオリーブオイルを入れて熱し、玉ねぎ、キャベツ、ローリエを炒める。しんなりとしたら、レモングラス、コリアンダーシード、充分にかぶるくらいの水を加え、やわらかくなるまで煮る。
3. レモングラスを取りのぞき、塩、こしょうを加えて味をととのえる。

note
- レモングラスはタイ料理やお茶によくあうハーブ。スープに入れて使うこともできます。
- コリアンダーシードは香菜(シャンツァイ)の種子。そう聞くと、独特の風味を想像される方が多いかもしれません。いい味が出るスパイスで、わたしは好きです。砕いて加えると、より香りが出ます。

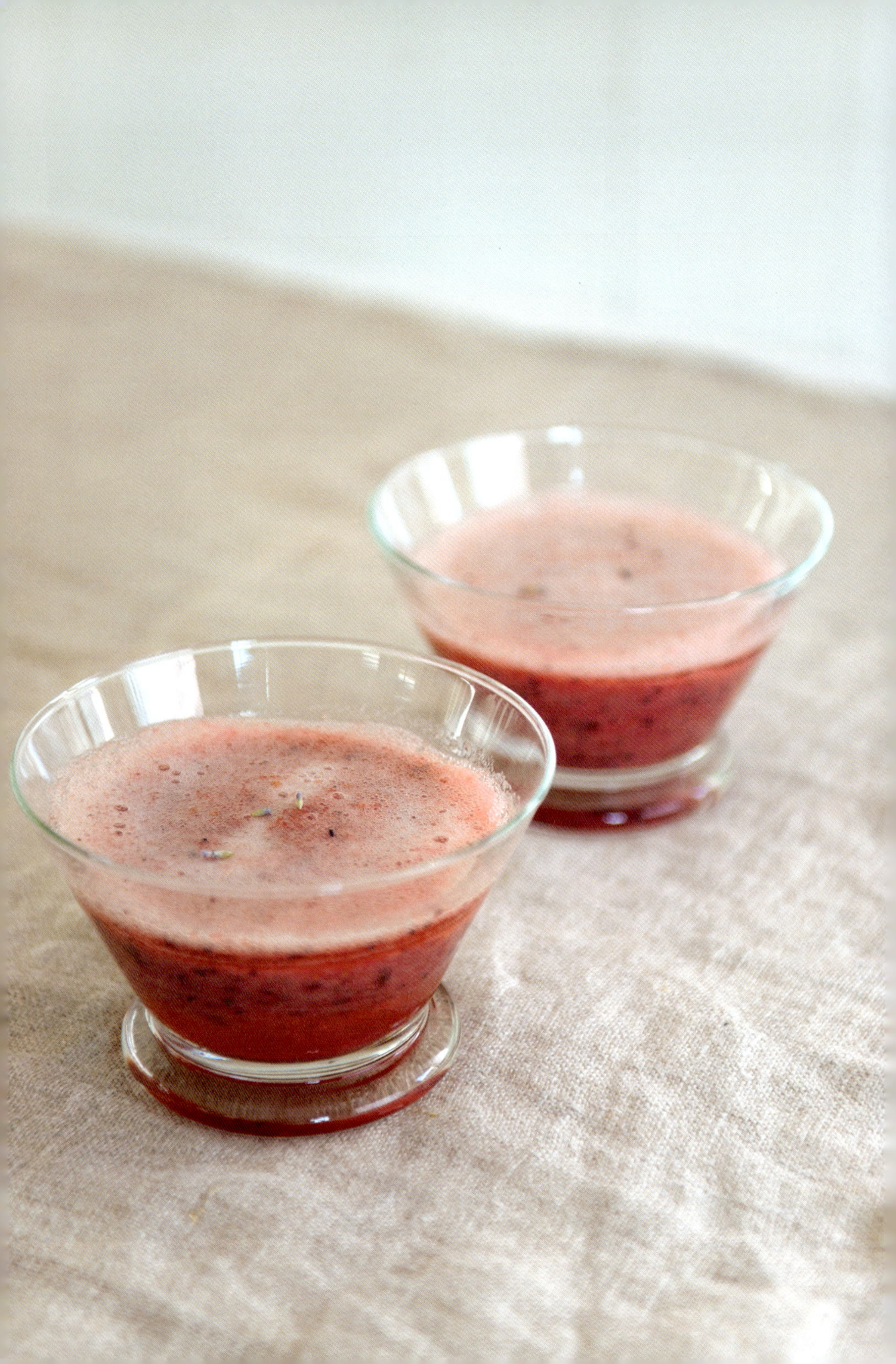

トマトとベリーの
スパークリングスープ

[4人分]
トマト…………2個
ブルーベリー…………100g
ラズベリー…………100g
ラヴェンダー(ドライ)…………少々
はちみつ…………適宜
スパークリングロゼワイン(甘口)…………1〜1$\frac{1}{2}$カップ

---

1. トマトはヘタをくりぬき、沸騰している湯に入れる。皮がむけてきたら取り出し、皮を取りのぞいてざく切りにして、冷やす。
2. 1、ブルーベリー、ラズベリーをフードプロセッサーなどにかけてなめらかにする。味をみて、必要であればはちみつを加えて甘さをととのえる。
3. 器に盛りつけ、スパークリングロゼワインをそそぎ入れる。
4. 仕上げにラヴェンダーを散らす。

note
- 夏のアペリティフとしてもおすすめです。ベリーは1種類でもいいです。ラズベリーの割合が多いと、甘酸っぱい味に。お好みのバランスをお楽しみください。
- 分離しやすいので、材料は冷やしておき、食べる直前にフードプロセッサーなどにかけるようにしてください。

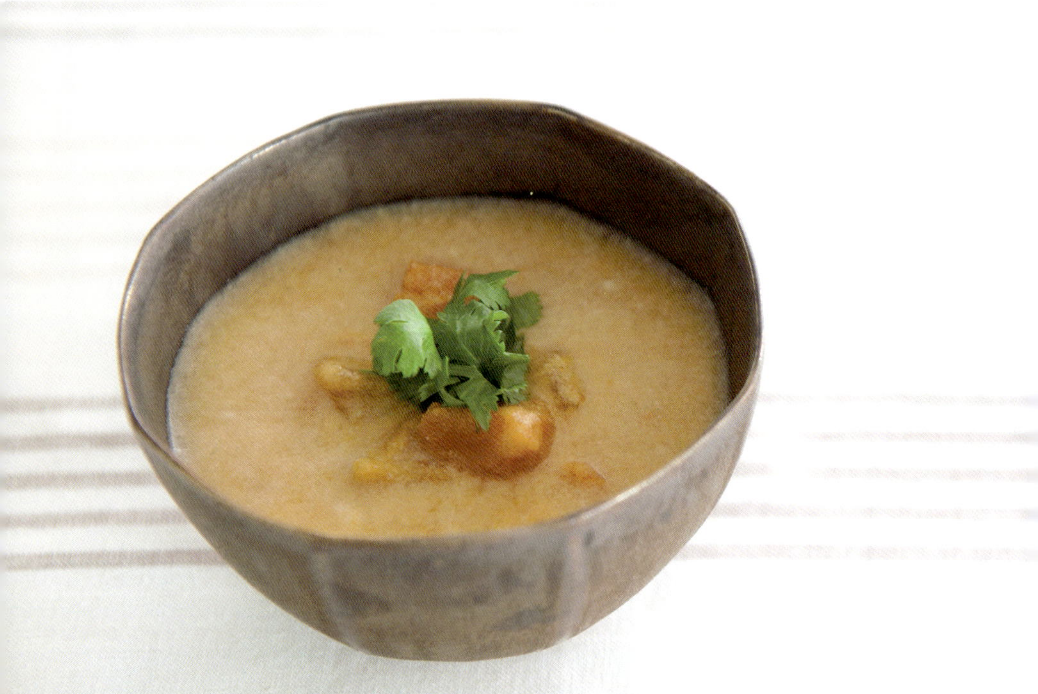

かぼちゃとマンゴーの
ココナッツミルクスープ

[4人分]
かぼちゃ…………130ｇ
ドライマンゴー…………40ｇ
香菜…………少々
アニスシード…………少々
ココナッツミルク…………1/2カップ
カルダモン（粉末）…………少々

---

1. かぼちゃとドライマンゴーは食べやすい大きさに切る。香菜は刻む。
2. 鍋にかぼちゃ、ドライマンゴー、アニスシード、充分にかぶるくらいの水を入れて熱し、少しくずれるくらいになるまでよく煮る。
3. 冷めたらココナッツミルクとカルダモンを加えて味をととのえ、冷蔵庫で冷やす。
4. 器に盛りつけ、香菜を添える。

note
- ドライマンゴーは砂糖が添加してあるものと無添加のものが市販されています。このレシピでは、砂糖を加えていないドライマンゴーを使用しているため、**3**で味をみて、甘く仕上げたい場合は、はちみつを加えるなどの調節を。
- ココナッツミルクには水分の多いものと、少ないものがあるので、スープの濃度はお好みに仕上げてください。
- 香菜（シャンツァイ）は地中海地方が原産といわれています。パクチー、コリアンダーとも呼ばれるハーブで、好みが分かれますが、この個性的な味を知ってしまうと、ないと物足りない。アジア風の料理、地中海風の料理にあうハーブです。

dessert・デザート

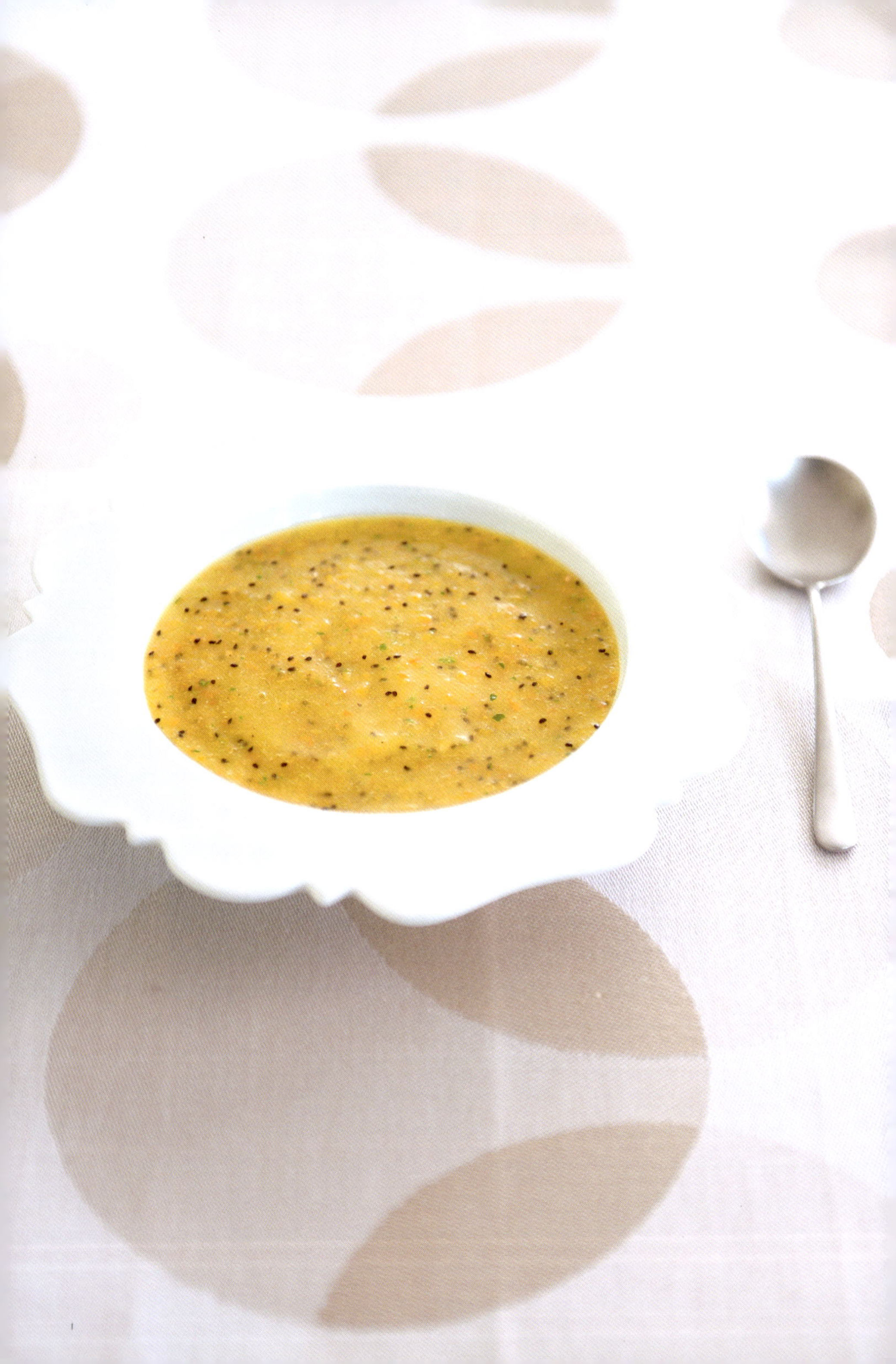

黄パプリカと黄プチトマトと
キウイのスープ

[4人分]
パプリカ(黄)…………1〜2個
プチトマト(黄)…………15個
キウイフルーツ…………3個
ミント…………少々
はちみつ…………適宜

1. パプリカはざく切りにする。キウイフルーツは4等分に切る。
2. 1、プチトマト、ミントをフードプロセッサーなどにかけてなめらかにする。
3. 味をみて、必要であればはちみつを加えて甘さをととのえ、冷やす。

note
- パプリカや黄色のプチトマトはフルーツのように甘みがあります。
- ウォッカやホワイトラムを加え、アペリティフにアレンジすることもできます。

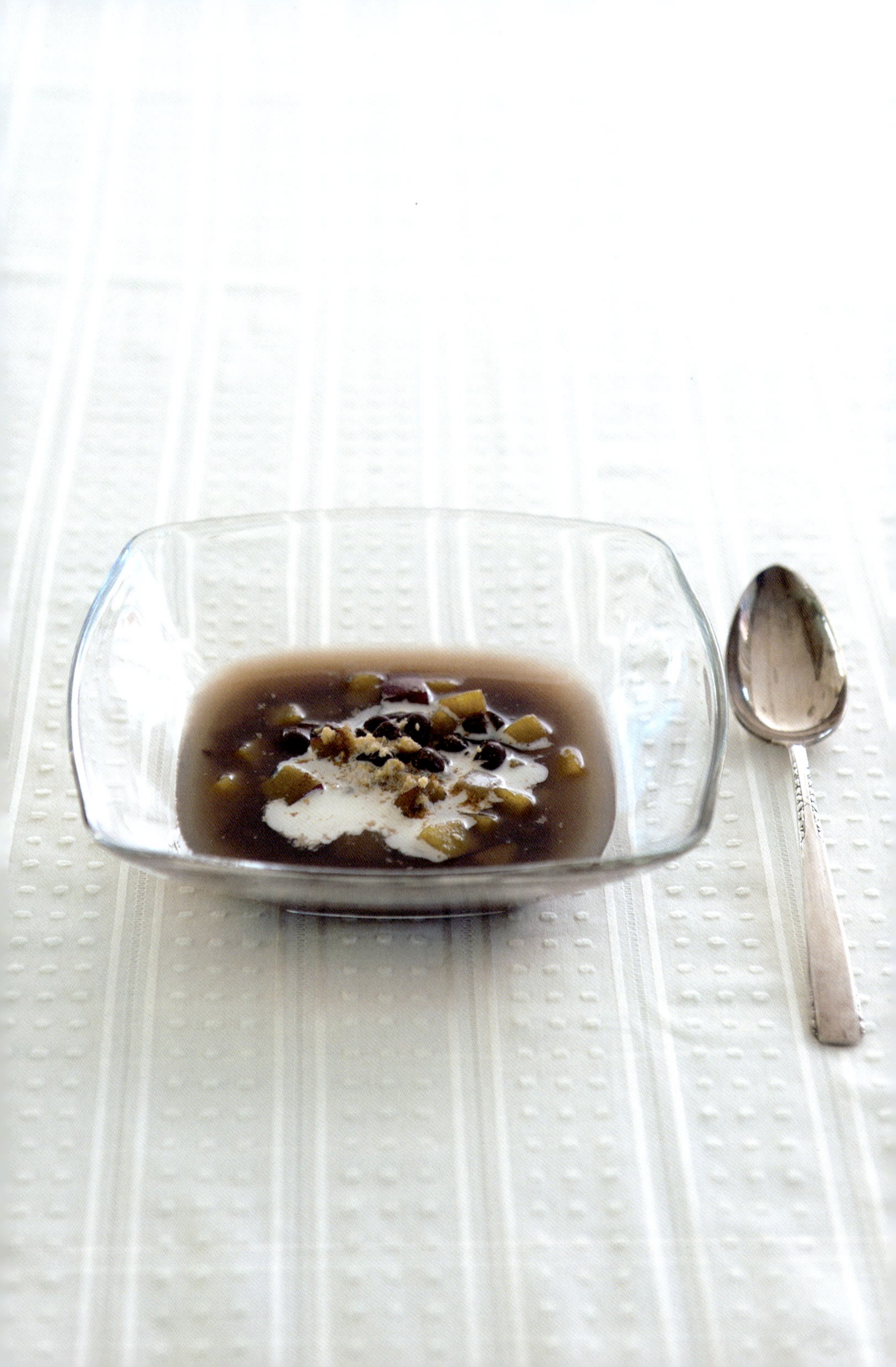

さつまいもと大納言の黒みつシナモンスープ

[4人分]
さつまいも…………100ｇ
大納言…………½カップ
落花生…………大さじ2
塩…………少々
黒みつ…………適量
生クリーム…………大さじ1～2
シナモン…………少々

1. さつまいもは1cmほどの角切りにする。落花生はすり鉢やミルなどを使って、細かくする。
2. 鍋に大納言と6カップの水を入れて熱し、やわらかくなるまで煮る。
3. さつまいもを加え、やわらかくなるまで煮る。
4. 少量の塩を加え、塩味がつかないくらいにととのえる。
5. 器に盛りつけ、黒みつ、生クリーム、落花生、シナモンをかける。

note
- 大納言は小豆の粒が大きいもので、少ししっとりしていて、ほんのり甘みがあるのが特徴。黒みつはお好みの量に。あたたかくしても冷たくしてもおいしい。
- 落花生はすり鉢でする際、できるだけ練らないように、細かく砕ければOK。フードプロセッサーやミルなどで粉末状にしてもいいです。
- 煮ている間に水分が減りすぎた場合は、水を適量加えましょう。

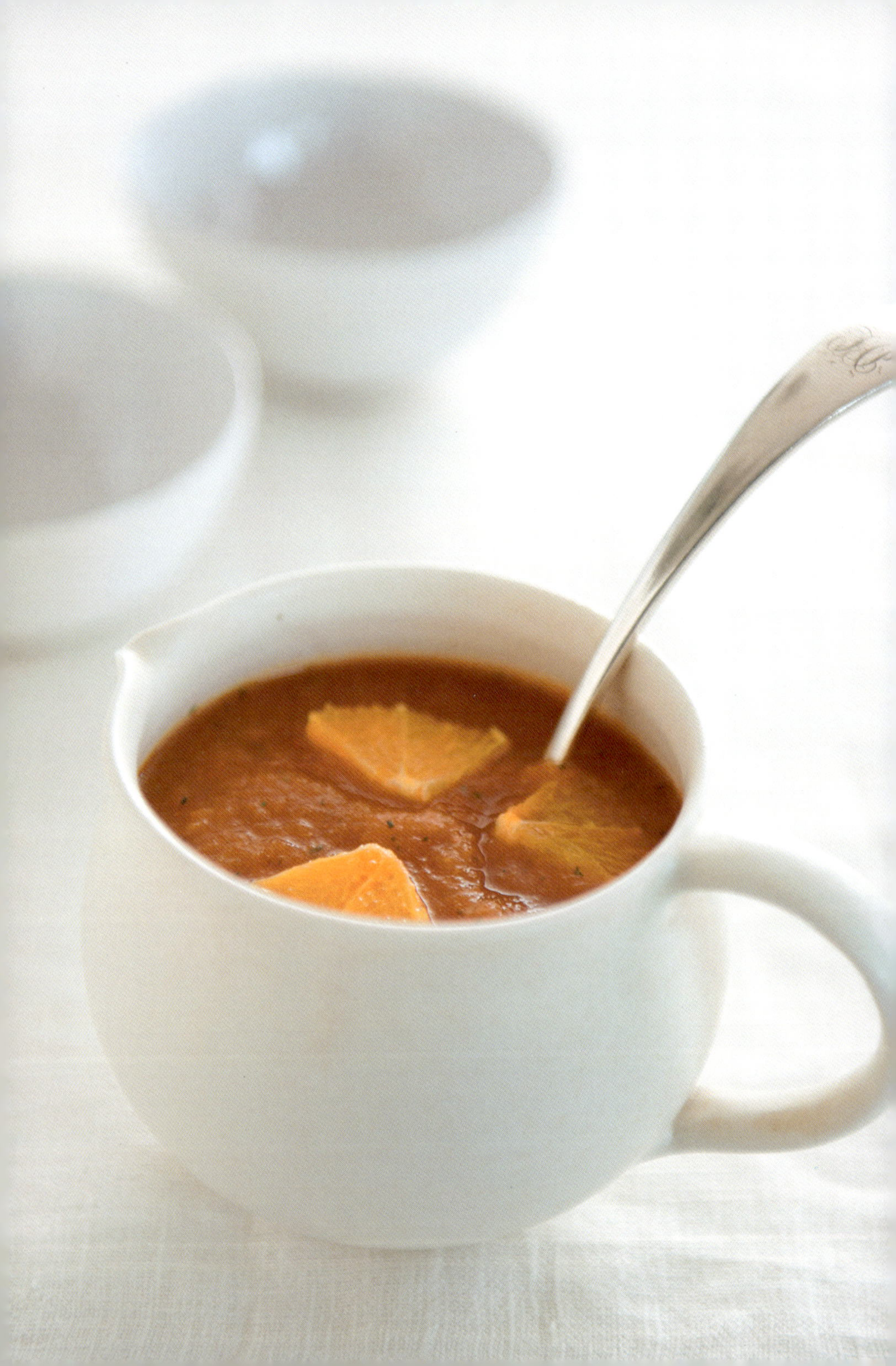

にんじんとアプリコットのポタージュ

[4人分]
にんじん………2本
オレンジ………1/4個
干しあんず………80g
ミント………少々
塩………少々

---

1. にんじんは2cm厚さのいちょう切りにする。オレンジは皮をむき、食べやすい大きさに切る。
2. 鍋ににんじん、干しあんず、塩、充分にかぶるくらいの水を入れて熱し、やわらかくなるまで煮る。
3. 鍋を一度火からおろし、粗熱がとれたら、ミントとともにフードプロセッサーなどにかけてなめらかにし、冷やす。
4. 器に盛りつけ、オレンジを添える。

note

- にんじんと干しあんずの自然な甘みのスープです。甘いのがお好みでしたら、はちみつを少々加えてください。夏の朝やノドが渇いたとき、ちょっぴり疲れ気味のときなどに、この薄甘いスープはやさしくからだに染みわたる感じがします。ビタミンカラーで目からも元気をもらえそう。あたたかくしても冷たくしてもおいしいです。

Column

スープの記憶

あの国では何を食べたっけ？ 旅での、食事の記憶をたどってみる。たくさんの写真をとってきたにもかかわらず、思い出すのはスープ。名物はともかく、スープの印象は強いのです。

ポルトガルのリスボンについたときも、まず初めに入ったのはスープ屋でした。スープ屋を探しもとめて入ったのでもなく、たまたま。昼をゆうにすぎているのに、地元の人で混みあっていて、何のお店だろう、ここにしてみよう、という具合に決めたのです。

お店の人が、どれにしましょう？ そんな目をして微笑んできたところに、いくつか種類があるなべをのぞきこみ、ゆびで指して選ぶ。あれもこれも食べてみたいところだったのですが、注文したのはオレンジ色がかったものとクリーム色がかったもの。

数分後、そのあたたかいスープは、テーブルに運ばれてきました。ドキドキしながら、ひとさじすくって食べると、すんなりとなじむ。食べたことのある野菜とハーブが混ざりあった味。知っている味でした。

同じ野菜がこの地域でも食べられているのだなと、食のつながりを感じます。考えてもみれば、自分が旅をするよりずっと前の時代に、日本へ旅した野菜があるのだから、同じ野菜が育っている土地に行けば、どこか似たような味を感じることはあるでしょう。

この街の人は、何をたのんでいるのだろう。見渡せば、となりの席も後ろの席も、オレンジ色やクリーム色のお皿を取りかこむ人々。ここは街の人が頼りにしている、日常的なスープ食堂でした。

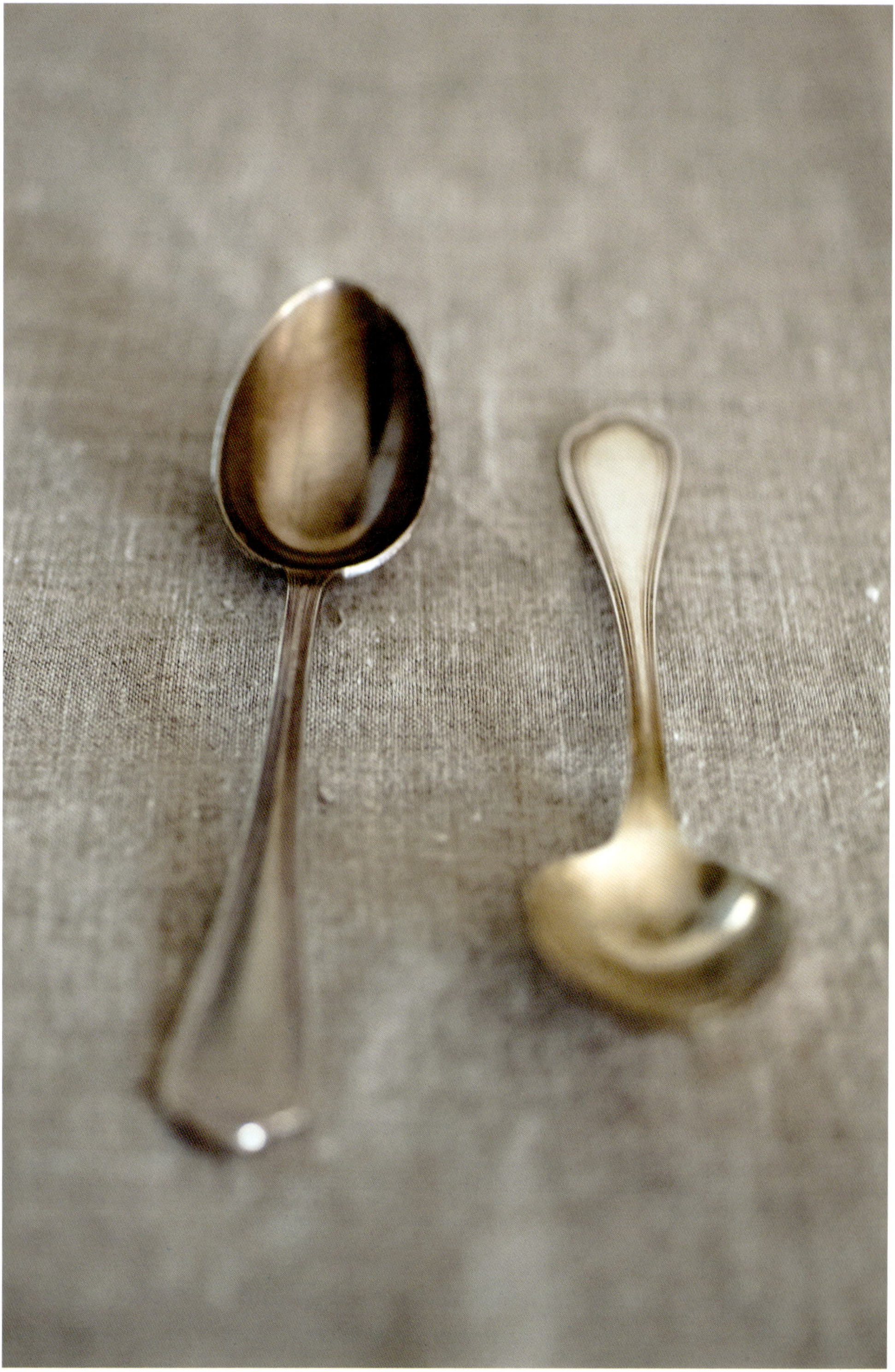

3 野菜とハーブ＆スパイスのプチパン

野菜とハーブ＆スパイス、木の実や豆、
ドライフルーツなどをつかった小さなパン。
発酵なしのスタイルです。
材料を混ぜて焼くだけの、気楽なレシピ。
スープと一緒に。
おやつやおつまみにもどうぞ。

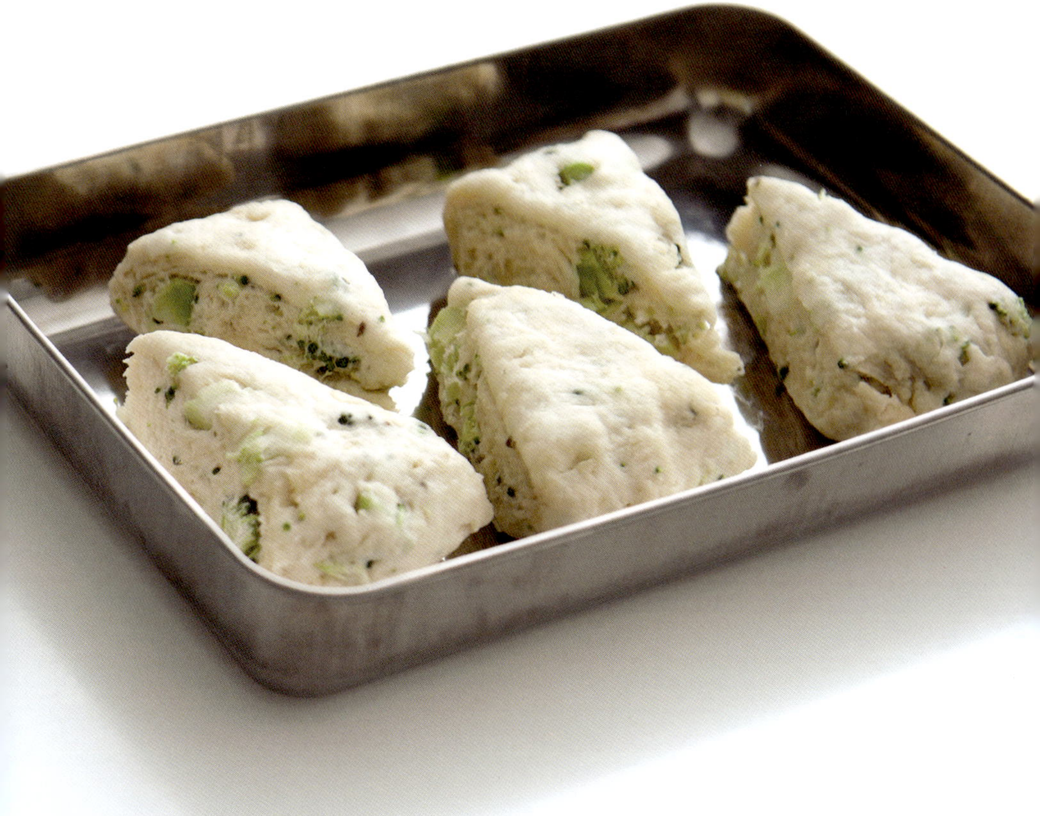

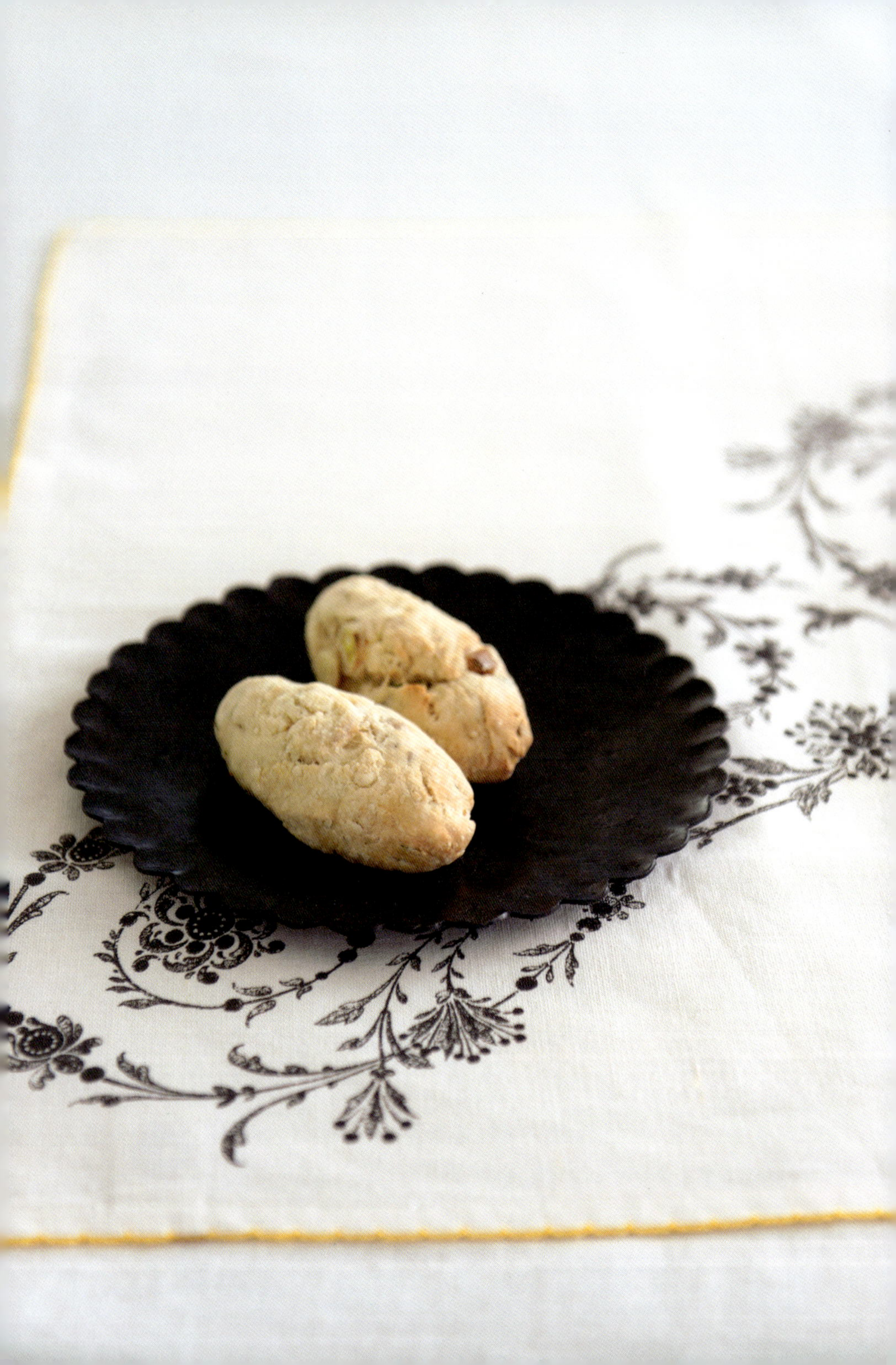

ねぎとくるみとディルの
プチバゲット

[8個分]
薄力粉…………200g
ベーキングパウダー（アルミフリー）…………小さじ1
塩…………小さじ1/4
オリーブオイル…………大さじ2
長ねぎ…………50g
くるみ…………20g
ディル（フレッシュ）…………2枝
豆乳…………1/2カップ

1. 長ねぎは小口切りにする。くるみは粗く刻む。ディルは葉を摘みとり、刻む。
2. 薄力粉、ベーキングパウダー、塩はあわせてボウルにふるい入れ、オリーブオイルを加えてすり混ぜる。
3. 1を加えて混ぜる。
4. 豆乳を加えて混ぜ、生地をひとまとめにする。このとき、豆乳の量は作業しやすいように加減する。
5. 生地を8等分にして、2〜2.5cm厚さのバゲット状に細長く形づくる。表面にオリーブオイル（分量外）を塗る。
6. 200℃に熱したオーブンで15分ほど焼く。

note
- ディルはフレッシュが手に入らない場合は、ドライを使ってもいいです。長ねぎと一緒にプチパンの風味を高めてくれます。
- 生地が扱いにくい場合は、薄力粉と豆乳の量を加減したり、表面に少量の粉をつけて形づくってください。

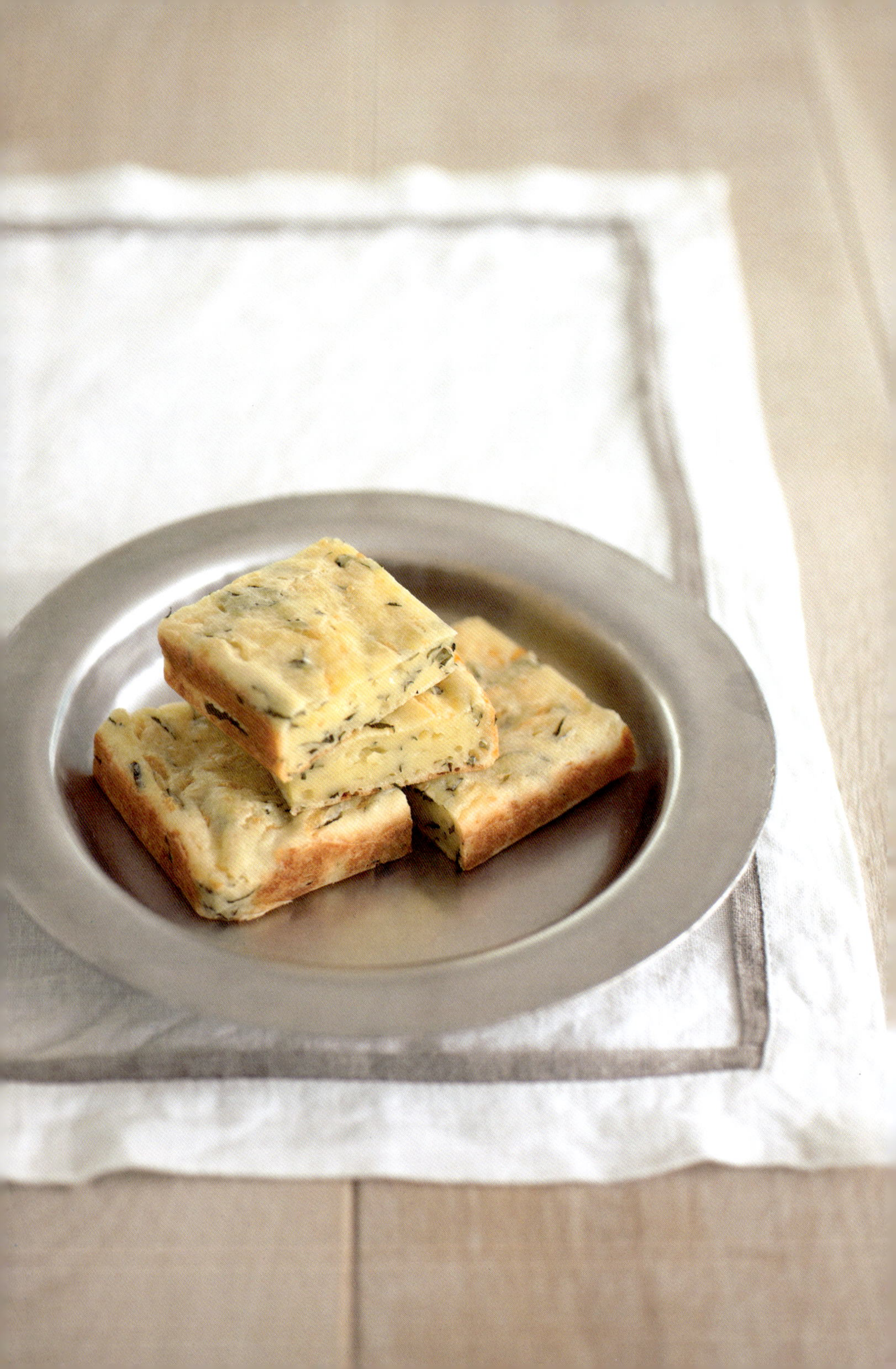

米粉とバジルのキャレ

[15cm角型1台分]
米粉…………50g
薄力粉…………50g
バジル…………10g
オリーブオイル…………大さじ1
グリュイエールチーズ…………50g
卵…………2個
牛乳…………1/4カップ

---

1. バジルは細切りにしてオリーブオイルと混ぜあわせる。グリュイエールチーズはすりおろす。
2. ボウルに卵を割り入れて泡立て器でほぐし、1と牛乳を順に加え、混ぜる。
3. 米粉と薄力粉をふるい入れ、混ぜあわせる。
4. ベーキングシートを敷いた型に生地を流し入れ、170℃に熱したオーブンで25分ほど焼く。
5. 型から出して、粗熱がとれたら、5cm角に切り分ける。

note
- 米粉が入っているので、少し弾力がある薄いパンです。混ぜるだけの簡単なレシピ。
- キャレとは四角いものをあらわすフランス語。ワインのおつまみにもあいます。
- 牛乳の代わりに豆乳でつくってもいいです。

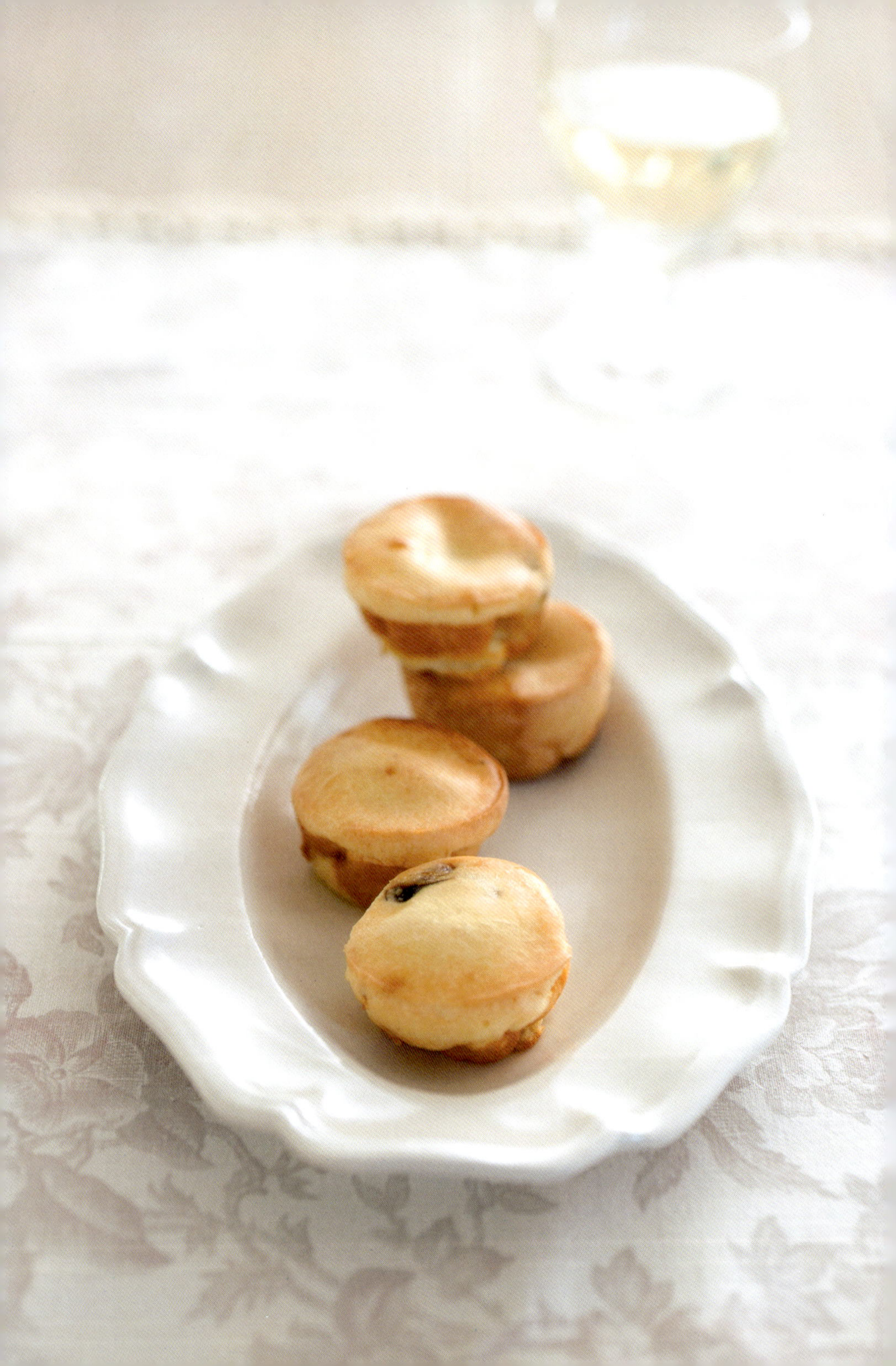

プルーンとラヴェンダーのフロマージュ

[プチマフィン型12個分]
薄力粉…………40g
クリームチーズ…………120g
砂糖…………10g
卵…………1個
ヨーグルト…………50g
プルーン…………3個
ラヴェンダー…………適量

---

1. 型にバター（分量外）を塗り、冷蔵庫で冷やしておく。プルーンは細かく切る。
2. クリームチーズは室温でやわらかくしておいてから、ボウルに入れてよく練り、砂糖を加えてすり混ぜる。
3. 卵をよく溶きほぐして少量ずつ加え、そのつどよく混ぜあわせる。
4. ヨーグルトを加え混ぜ、プルーンとラヴェンダーを混ぜあわせる。
5. 薄力粉をふるい入れ、全体を混ぜあわせる。
6. 型に生地を入れ、170℃に熱したオーブンで20分ほど焼く。

note
- スープにあうよう、甘さ控えめに仕上げています。ここでのプチマフィン型は直径約4.5cmのものを使用しています。つまみやすい大きさ、甘くないので、ついつい……すすむ。ラヴェンダーの風味がふわぁっと広がり、癒されます。

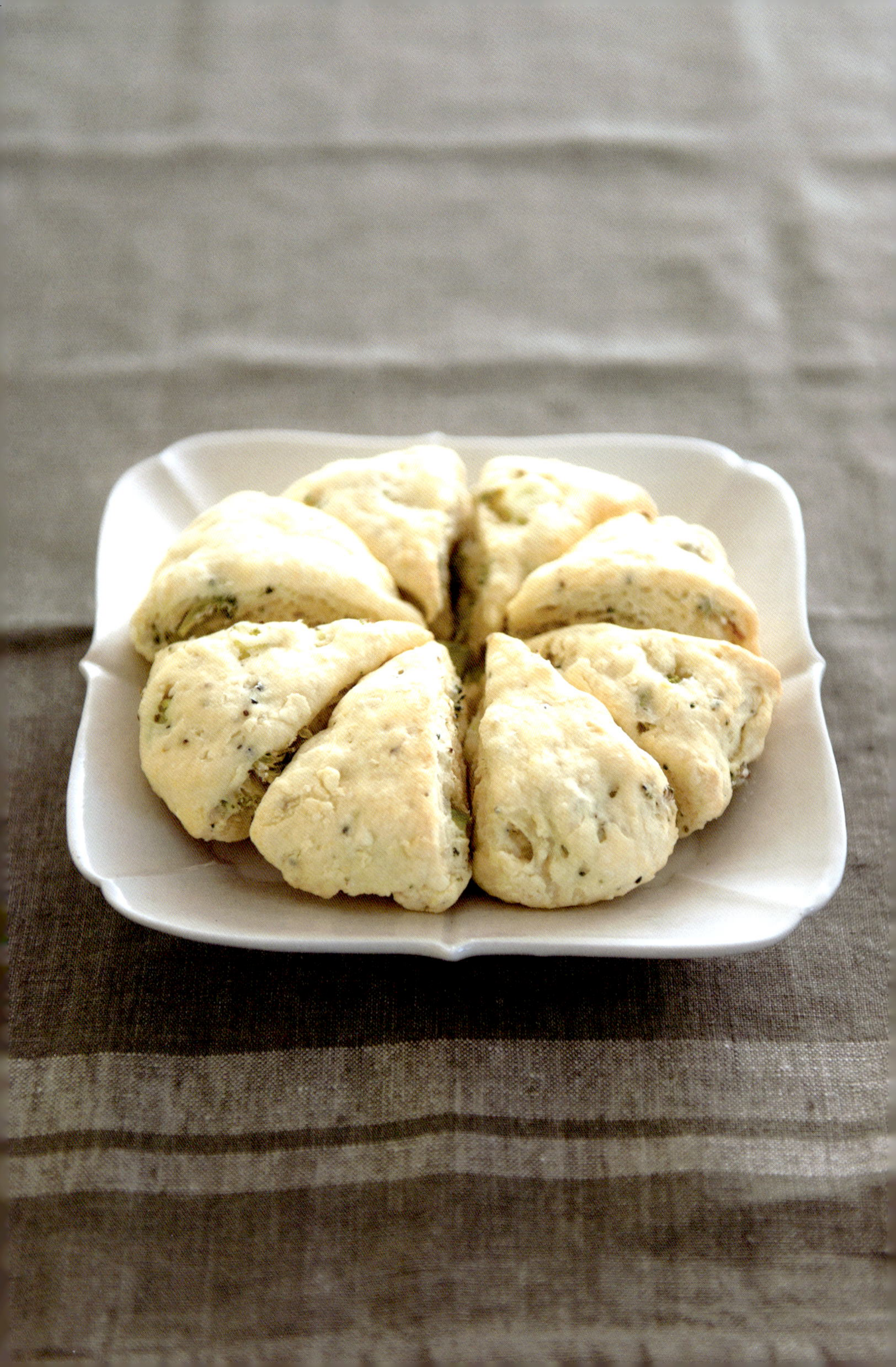

ブロッコリーとアニスのプチパン

[8個分]
薄力粉…………200g
ベーキングパウダー（アルミフリー）…………小さじ1
塩…………小さじ¼
オリーブオイル…………大さじ2
ブロッコリー…………50g
アニスシード…………小さじ¼
豆乳…………75〜100ml

---

1. ブロッコリーは1cm角に切る。
2. 薄力粉、ベーキングパウダー、塩はあわせてボウルにふるい入れ、オリーブオイルを加えてすり混ぜる。
3. ブロッコリーとアニスシードを加え、混ぜあわせる。
4. 豆乳を加えて混ぜ、生地をひとまとめにする。このとき、豆乳の量は作業しやすいように加減する。
5. 生地を2.5cm厚さの円形にのし、放射状に8等分の切り込みを入れる。
6. 200℃に熱したオーブンで15分ほど焼く。

note
- ブロッコリーは生のまま加えます。プチパンが焼き上がる頃、ちょうど火が入ります。
- 放射状に仕上げていますが、ひとつずつに分けて形づくってもいいです。
- 生地が扱いにくい場合は、薄力粉と豆乳の量を加減したり、表面に少量の粉をつけて形づくってください。

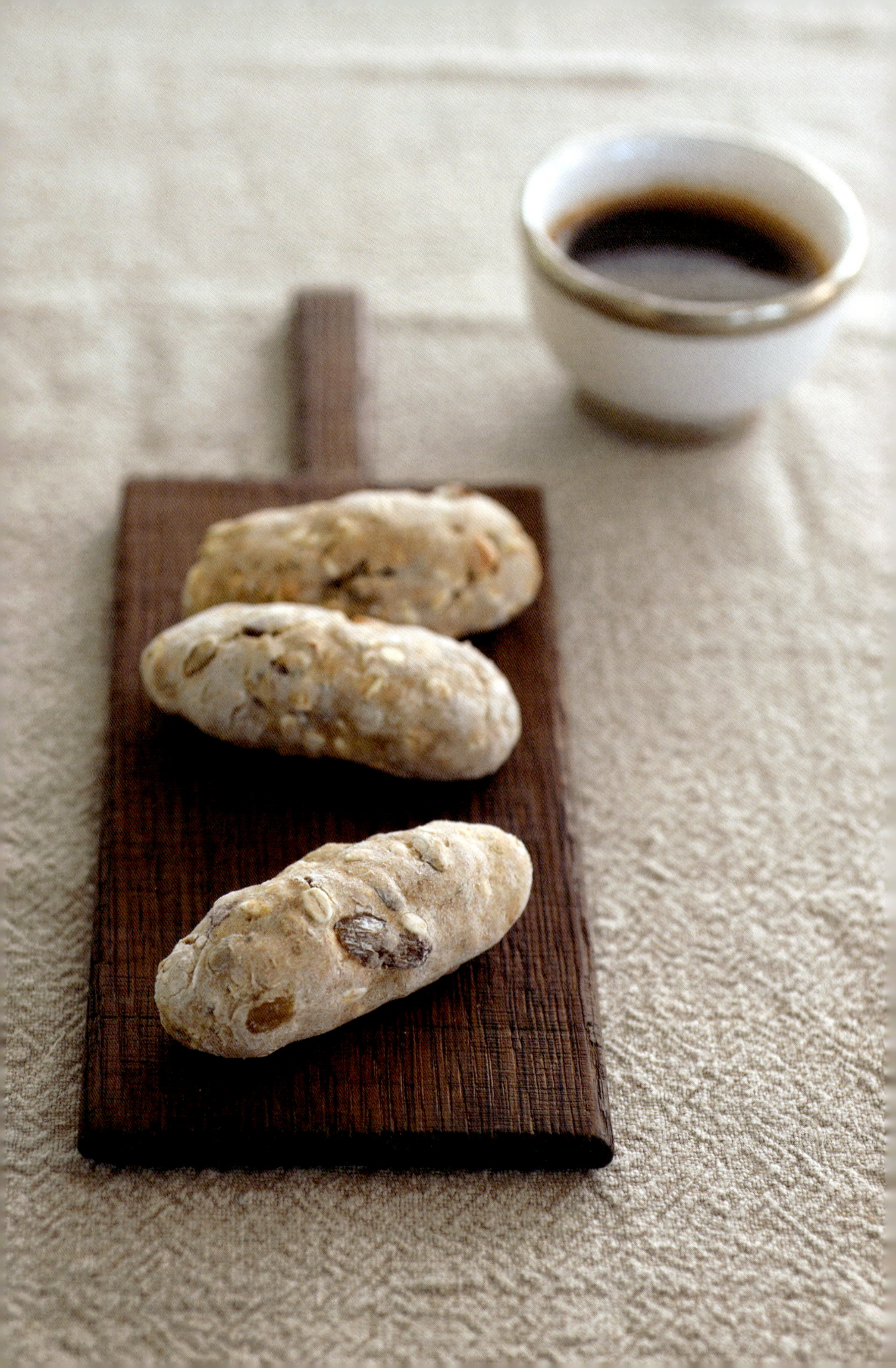

実りのブラウンバゲット

[8個分]
全粒粉…………120g
卵…………1個
水…………¼カップ
塩…………小さじ½
押麦…………30g
カシューナッツ…………大さじ2
アーモンド…………大さじ2
ひまわりの種…………大さじ1
グリーンレーズン…………大さじ2
ローズマリー(フレッシュ)…………1枝
レモンの皮(無農薬)…………½個分

1. ローズマリーは葉を摘みとり、刻む。レモンの皮はすりおろす。
2. ボウルに卵を割り入れてほぐし、分量の水と塩を加えてよく混ぜる。
3. 押麦、ナッツ類、グリーンレーズン、1を加えて混ぜる。
4. 全粒粉をふるい入れ、全体を混ぜあわせる。
5. 生地を8等分にして、2～2.5cm厚さのバゲット状に細長く形づくる。
6. 210℃に熱したオーブンで10分ほど焼く。

note
- ごろっと木の実が入っていて、かたい歯ごたえです。木の実、穀物、ハーブ、フルーツを混ぜて焼くだけ。本当に簡単で、ずっしりとした食べごたえがあります。
- 生地が扱いにくい場合は、全粒粉と水分の量を加減したり、表面に少量の粉をつけて形づくってください。

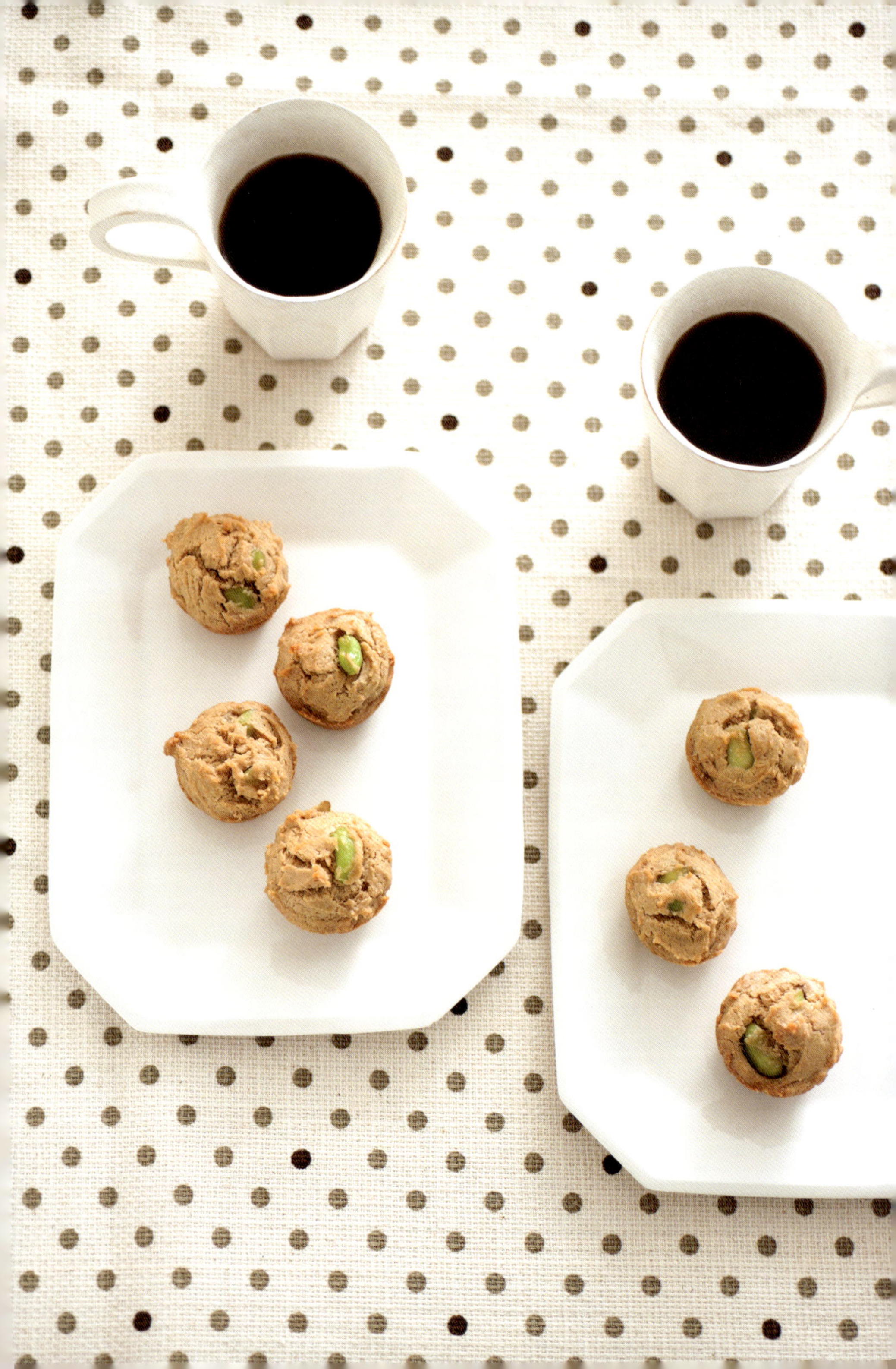

きな粉と枝豆のシナモンマフィン

[プチマフィン型12個分]
薄力粉…………70g
きな粉…………40g
シナモン…………少々
バター（室温）…………80g
きび砂糖…………10g
卵…………2個
枝豆（ゆでたもの）…………¼カップ

1. 型にバター（分量外）を塗り、冷蔵庫で冷やしておく。
2. バターは室温でやわらかくしておいてから、ボウルに入れてよく練り、きび砂糖を加えてよくすり混ぜる。
3. 卵をよく溶きほぐして少量ずつ加え、そのつどよく混ぜあわせる。
4. 薄力粉、きな粉、シナモンをふるい入れ、枝豆も加えて全体を混ぜあわせる。
5. 型に生地を入れ、180℃に熱したオーブンで15分ほど焼く。

note
- きなこ風味の薄甘いマフィン。**3**では分離しないように、卵を少しずつ加えてよく混ぜていくのがコツです。
- ここでのプチマフィン型は直径約4.5cmのものを使用しています。

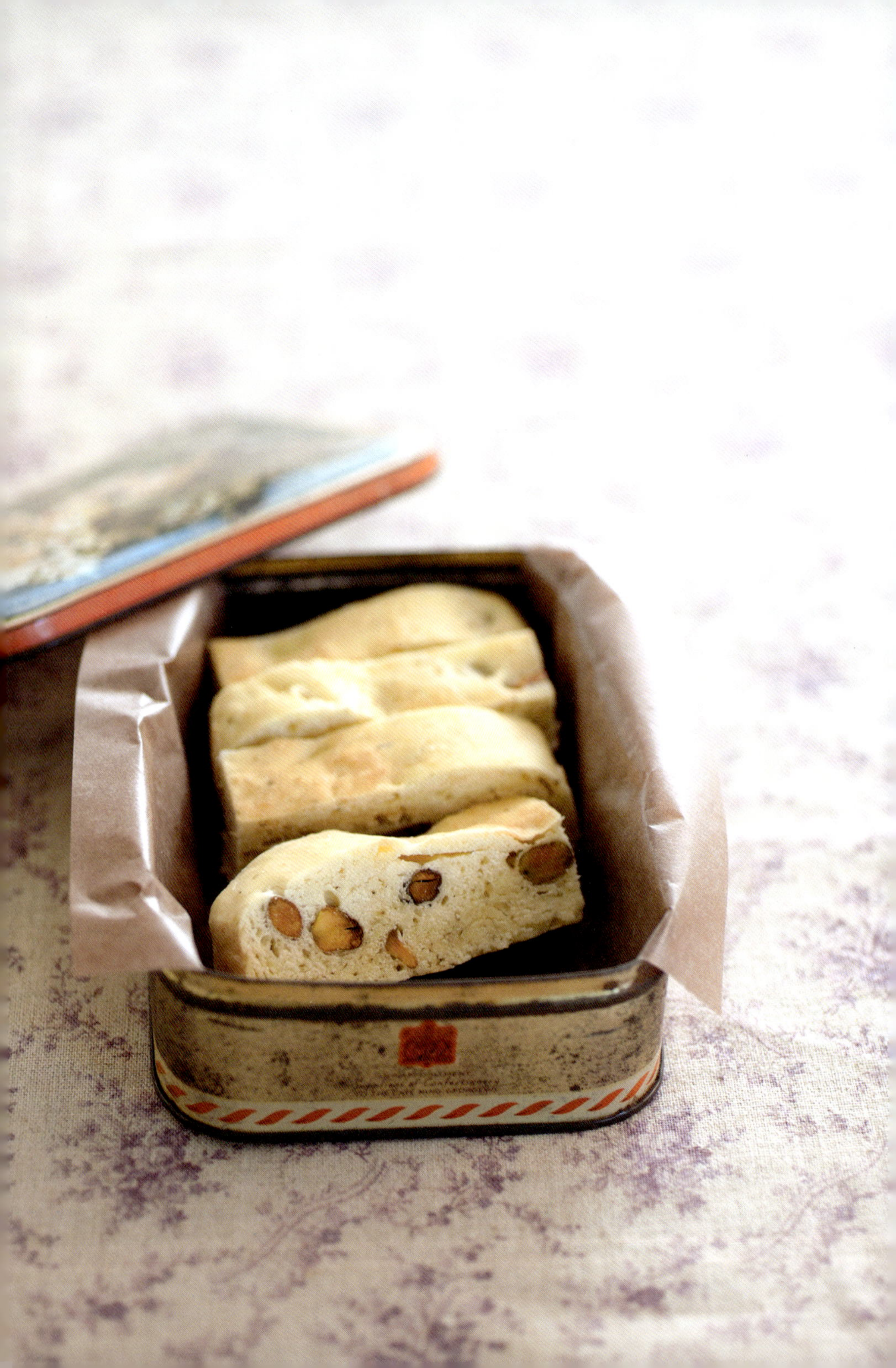

ピスタチオと
エルブ・ド・プロヴァンスのキャレ

[15cm角型1台分]
薄力粉…………220g
ベーキングパウダー（アルミフリー）…………小さじ½
塩…………小さじ¼
オリーブオイル…………大さじ1
卵…………1個
水…………75〜100ml
ピスタチオ…………¼カップ
エルブ・ド・プロヴァンス…………小さじ½

1. 薄力粉、ベーキングパウダー、塩はあわせてボウルにふるい入れ、オリーブオイルを加えてすり混ぜる。
2. ピスタチオ、エルブ・ド・プロヴァンス、溶きほぐした卵を加えて混ぜる。
3. 分量の水を加えて全体を混ぜあわせ、生地をひとまとめにする。このとき、水の量は作業しやすいように加減する。
4. ベーキングシートを敷いた型に生地を入れてのばし、200〜210℃に熱したオーブンで15分ほど焼く。
5. 粗熱がとれたら、四角く切り分ける。

note
- エルブ・ド・プロヴァンスは、フランスのプロヴァンス地方のハーブをミックスしたもの。タイム、オレガノ、ローズマリー、バジルなどが混ざっています。ハーブ・スパイスを扱っているお店においてあることが多い。手に入らない場合は、持っているドライハーブをいくつか混ぜてもいいです。
- キャレとは四角いものをあらわすフランス語。型から出したら、お好みの形に切り分けてください。
- 生地が扱いにくい場合は、薄力粉と水分の量を加減したり、表面に少量の粉をつけて形づくってください。

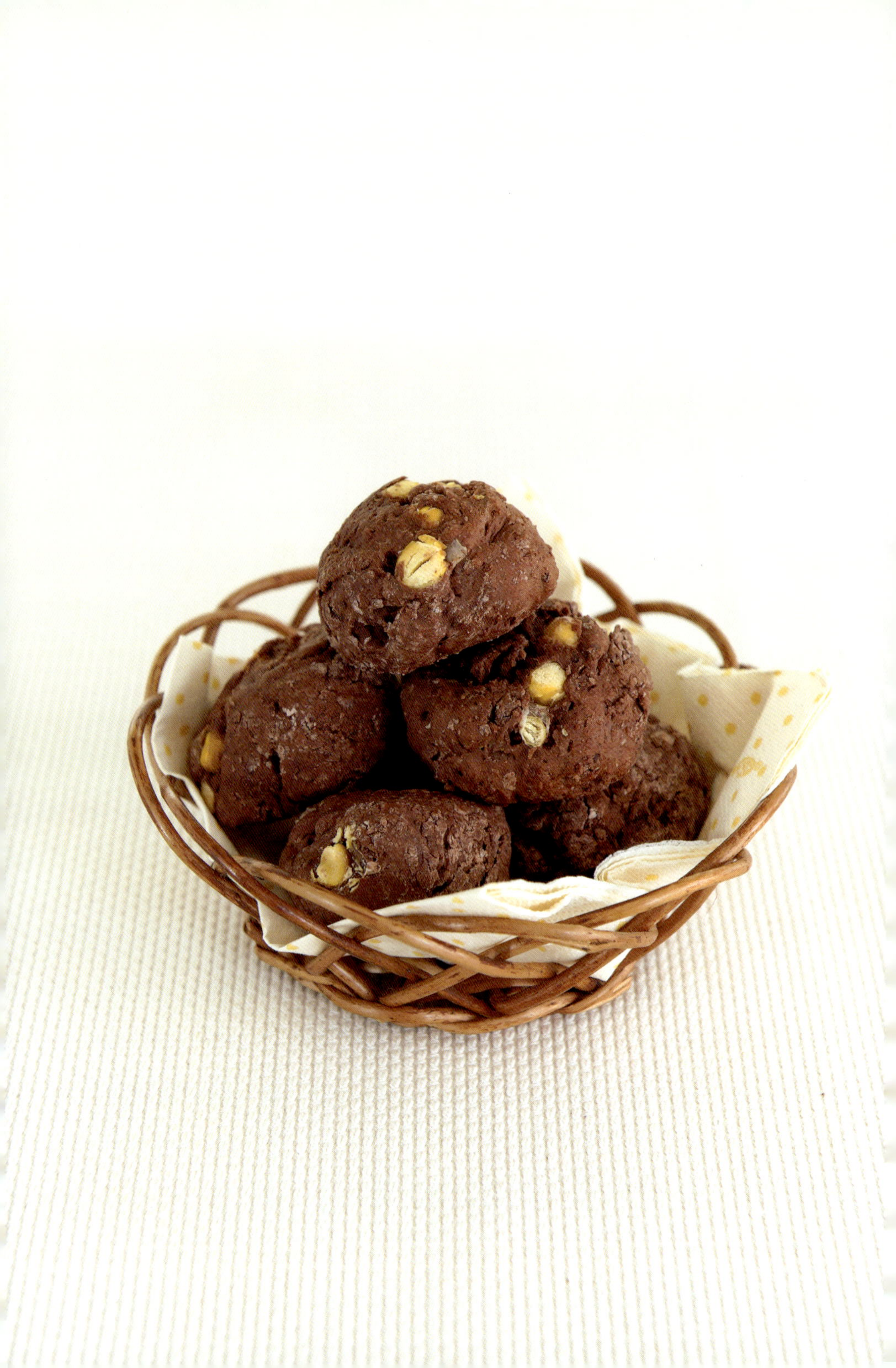

ひよこ豆とココアのプチパン

[8個分]
薄力粉……….185g
ココアパウダー……….15g
ベーキングパウダー(アルミフリー)……….小さじ1
塩……….小さじ1/4
オリーブオイル……….大さじ1
ひよこ豆(ゆでたもの)……….1/2カップ
豆乳……….1/2カップ

1. 薄力粉、ココアパウダー、ベーキングパウダー、塩はあわせてボウルにふるい入れ、オリーブオイルを加えてすり混ぜる。
2. ひよこ豆を加えて混ぜる。
3. 豆乳を加えて全体を混ぜあわせ、生地をひとまとめにする。このとき、豆乳の量は作業しやすいように加減する。
4. 生地を8等分にして、それぞれを2.5cm厚さに形づくる。
5. 180℃に熱したオーブンで15分ほど焼く。

note
- 甘みを入れず、ココアの風味がよく味わえるプチパンです。スパイス感覚で入れてみました。ひよこ豆のほっくりとした食感とよくあいます。
- 丸形や角形などのお好きな形につくってください。
- 生地が扱いにくい場合は、薄力粉と豆乳の量を加減したり、表面に少量の粉をつけて形づくってください。
- ひよこ豆は時間があるときにたくさんゆでて、小分けにして冷凍しておくと便利です。

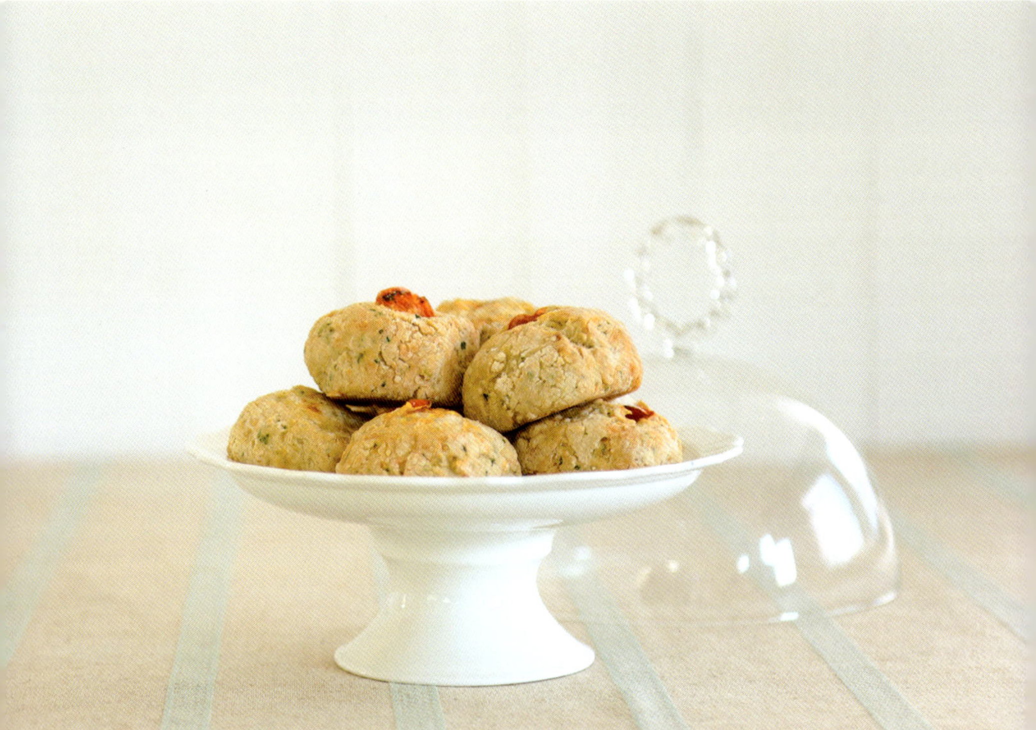

そば粉とトマトの
ブルターニュ風プチパン

[8個分]
そば粉…………80g
薄力粉…………120g
ベーキングパウダー(アルミフリー)…………小さじ1
塩…………小さじ1/4
オリーブオイル…………大さじ2
プチトマト…………3個
イタリアンパセリ…………少々
パルミジャーノチーズ…………20g
水…………1/2カップ前後

---

1. プチトマトは4等分にし、イタリアンパセリは細かく刻む。パルミジャーノチーズはすりおろす。
2. そば粉、薄力粉、ベーキングパウダー、塩はあわせてボウルにふるい入れ、オリーブオイルを加えてすり混ぜる。
3. 1を加えて混ぜる。
4. 分量の水を加えて全体を混ぜあわせ、生地をひとまとめにする。このとき、水の量は作業しやすいように加減する。
5. 生地を8等分にして、それぞれを2.5cm厚さに形づくる。
6. 180℃に熱したオーブンで15分ほど焼く。

note
- フランス、ブルターニュ地方のガレットをイメージして名づけました。そばとチーズやプチトマトは意外な組みあわせのようで、違和感がありません。
- 丸形や角形などのお好きな形につくってください。
- 生地が扱いにくい場合は、薄力粉と水分の量を加減したり、表面に少量の粉をつけて形づくってください。

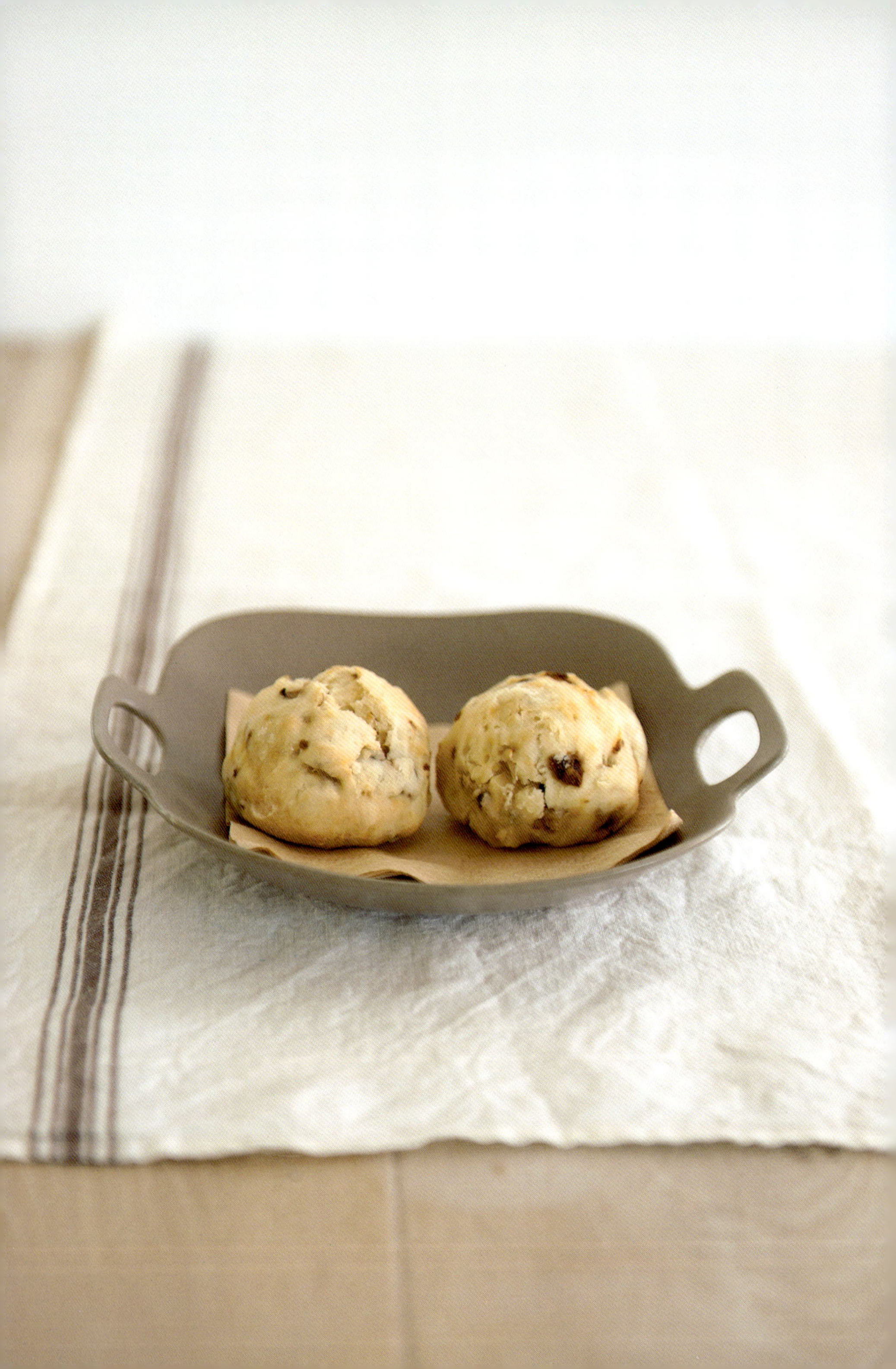

しいたけとドライトマトのプチパン

[8個分]
薄力粉……………200g
ベーキングパウダー(アルミフリー)……………小さじ1
塩……………小さじ1/4
オリーブオイル……………大さじ1
しいたけ……………4〜5個
オレガノ(ドライ)……………小さじ1/4
ドライトマト……………2個
水……………1/2カップ

1. ドライトマトははさみで細かく切り、分量の水にひたして戻す。しいたけは石づきを取り、1cm角に切る。
2. 薄力粉、ベーキングパウダー、塩はあわせてボウルにふるい入れ、オリーブオイルを加えてすり混ぜる。
3. しいたけ、オレガノ、ドライトマトと戻し汁を加えて全体を混ぜあわせ、生地をひとまとめにする。このとき、戻し汁の量は作業しやすいように加減する。
4. 生地を8等分にして、それぞれを2.5cm厚さに形づくる。
5. 180℃に熱したオーブンで15分ほど焼く。

note
- しいたけは生のまま加え、焼き上げます。しいたけとドライトマトからいい味がにじみ出るプチパンです。
- 丸形や角形などのお好きな形につくってください。
- 生地が扱いにくい場合は、薄力粉と水分の量を加減したり、表面に少量の粉をつけて形づくってください。

Column

かくし味

パリのベジタリアンレストランで食事をしたときのこと。具だくさんのスープをたのんでみました。メニュー名はスープミゾ。ここ数年の日本食ブームになる、ずっと以前の頃です。味噌汁のイメージでつくった野菜スープなのでしょうけれど、日本の味噌汁とはちょっとかけ離れたものでした。それが、食べてみると素直においしい。フランスでスープを日本風にアレンジして、好んで食べているなんて、味噌汁の国から来たわたしにとっては、楽しい驚きがありました。なじみのある料理も、異国では新鮮に見えたのです。

スペインやモロッコ……地中海地方を旅するごとに、いろいろなスープに出会いました。同じ野菜をつかっていてもその地域らしさがあったり、ハーブやスパイスのつかい方がおもしろかったり。こんなふうに食べるのかと、テーブルの上や食事の仕方も、スープの記憶として積み重なっていきました。

日本にも同じ野菜をつかった料理はたくさんあり、よく見かけます。けれど、場所が変わるとなんだか料理までが変わったのではと、食べて感じたことがあります。旅先だったという理由に限らず。家でリラックスして食べるときと、しごとの合間に急いで食べなければならないときでは、味の感じ方が違うことがあるように。また、その時の気候や、一緒に食べるものと飲むものの組みあわせで、料理の味のおいしさは左右されることがあるように。器やスプーン、テーブルの灯りといった雰囲気にも、その理由はあるのだと思っています。

さまざまなもので、おいしさはつくられます。味覚の上での調味料の影響はとても大きい。ハーブやスパイス、新鮮な野菜を用意することは大切。それに加えて、どこでどんなときに、どんなふうに食べるのか？ その食べ方も、かくし味のひとふりであると思うのです。

おわりに

わたしがつくるテーブルライフは、植物性のものがいっぱい。
それが心地いいのです。
つくづく、料理はライフスタイルだなと思います。
ちょっとおもしろいねと言われる食材の組みあわせは、
ナチュラリストの母と、旅好きの父、
自由な発想のわたしが混ざったからなのでしょうか。

テーブルでは、お皿の上にも、お皿の外の世界にも、
思いをめぐらせることができます。
生産者の方々の愛情をそそがれた野菜が、
キッチンにたどりついてくれたこと。
産地の気候風土。季節。料理をしたあとの、食材の姿や、
色と香り、味。

テーブルの風景や居心地のよさも、食の楽しさだと思っています。

この本をつくるにあたり、多くの方々にご協力をいただきました。
京葉ガス株式会社さん、株式会社野菜ビジネスさん、株式会社ヴェルジェさん、株式会社創健社さん、株式会社竹内商店さん。深く感謝をいたします。
今回の撮影は女性スタッフのみでおこない、なごやかで楽しい現場でした。
フォトグラファーの沼尻淳子さんは、おいしさを自然な雰囲気でおさめてくださり、スタイリストのカナヤマヒロミさんは、さわやかさとかわいらしさのバランスをとってくださいました。学陽書房のみなさんにはあたたかなお気遣いをいただきました。かかわってくださったすべての方に、心から感謝を申し上げます。
そして、いつも見守ってくれる家族にありがとうの気持ちを。
最後に、読者のみなさん、読んでいただき、どうもありがとうございます。

大石淳子

大石淳子 junko oishi

東京生まれ。コラムとメニュー、アートワークをとおしてテーブルライフスタイルを表現している。ボタニカルフード、季節と文化、リラックス、スローをテーマに、書籍、新聞、Web などで活動。管理栄養士。
地中海地方での暮らすような旅では、食卓のすごし方と料理を学び、日本の旅ではマルシェや食文化を見て歩く。心地いい暮らしのデザインに関心をもち続け、独自のセンスで枠にとらわれない発信をしている。レシピは潔く、素材の持ち味を最大限に生かした料理、シンプルでゆったりとしたコーディネートとモノを選ぶ目には定評がある。キャンドルの制作も手がけている。
著書に『おうちでつくる南フランスの野菜たっぷり料理』（アスペクト）がある。
http://food-voyage.com/

special thanks
京葉ガス料理教室　　　http://www.keiyogas.co.jp/cont/park/cooking/index.html
Hapi Marche ハピ・マルシェ　http://www.hapimaru.jp/
株式会社創健社　　　　http://www.sokensha.co.jp/
MARUKICHI SUGAR　　http://www.marukichi-sugar.com/

たっぷり野菜のスープとプチパン
春夏秋冬の旬の素材とハーブ＆スパイスで、おいしく、心地よく、リラックス

2011 年 4 月 18 日　初版印刷
2011 年 4 月 26 日　初版発行

著者　　　　大石淳子（おおいしじゅんこ）
デザイン　　原圭吾（SCHOOL）
撮影　　　　沼尻淳子
スタイリング　カナヤマヒロミ

発行者　　　佐久間重嘉
発行所　　　株式会社 学陽書房
　　　　　　東京都千代田区飯田橋 1-9-3　〒102-0072
　　　　　　営業部　TEL03-3261-1111　FAX03-5211-3300
　　　　　　編集部　TEL03-3261-1112　FAX03-5211-3301
　　　　　　振　替　00170-4-84240
印刷　　　　加藤文明社
製本　　　　東京美術紙工

Ⓒ Junko Oishi 2011, Printed in Japan
ISBN978－4－313－87138－0　C2077

乱丁・落丁本は、送料小社負担にてお取り替えいたします。定価はカバーに表示してあります。